比较哲学翻译与研究丛书
丛书主编 吴根友 万百安

哲学的价值

一种多元文化的对话

Bryan W. Van Norden

[美] 万百安 著

吴万伟 译

Taking Back Philosophy

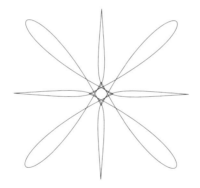

A Multicultural Manifesto

中国出版集团
东方出版中心

图书在版编目（CIP）数据

哲学的价值: 一种多元文化的对话 / (美) 万百安
著; 吴万伟译. 一上海: 东方出版中心, 2023.5
（比较哲学翻译与研究）
ISBN 978 - 7 - 5473 - 1485 - 2

Ⅰ.①哲… Ⅱ.①万… ②吴… Ⅲ.①哲学—研究
Ⅳ.①B

中国国家版本馆 CIP 数据核字(2023)第 064341 号

TAKING BACK PHILOSOPHY：A Multicultural Manifesto by Bryan W.Van Norden
Copyright © 2017 Columbia University Press
Chinese Simplified translation copyright © 2023 by Orient Publishing Center
Published by arrangement with Columbia University Press Through Bardon-Chinese
Media Agency（博达著作权代理有限公司）
ALL RIGHTS RESERVED
合同图字：09 - 2019 - 451 号

哲学的价值：一种多元文化的对话

著　　者　[美] 万百安（Bryan W.Van Norden）
译　　者　吴万伟
丛书策划　刘佩英
特约编辑　刘　旭
责任编辑　刘　旭　黄　驰　冯　媛
封面设计　周伟伟

出版发行　东方出版中心有限公司
地　　址　上海市仙霞路 345 号
邮政编码　200336
电　　话　021 - 62417400
印　刷　者　上海盛通时代印刷有限公司

开　　本　890mm×1240mm　1/32
印　　张　6.875
插　　页　1
字　　数　150 千字
版　　次　2023 年 5 月第 1 版
印　　次　2023 年 5 月第 1 次印刷
定　　价　68.00 元

《比较哲学翻译与研究丛书》
总　序

　　近四百年来，人类社会出现的巨大变化之一就是资本主义生产-生活方式的兴起与发展。一方面，资本主义的生产-生活方式的出现，给人类带来了巨大的物质财富、新的科学技术及对自然与人类自身富有广度和深度的认识视野；另一方面也给人类带来了前所未有的灾难、痛苦与极其严重的环境破坏，而且使人类陷入尝试的焦虑与困惑之中。巨大的物质财富，就其绝对数量而言，可以让全世界 70 余亿人口过上小康式的生活，但当今全世界的贫困人口仍然有 13 亿之多，其中赤贫人口有 8 亿之多。民族、国家之间的冲突、战争不断，文化与文明之间的矛盾冲突，也是此起彼伏。造成这种诸多极不如人意的社会生活现状的原因，无疑是多元的，根本性的原因仍然是资本主义主导的生产-生活方式。想要解决这些极不如人意的世界范围内的生活乱象，方法与途径也将是多元的，而从学术、文化加强沟通与理解，增进不同文化、文明共同体之间的合作与信任，是其中重要的方法与途径。本套《比较哲学翻译与研究丛书》，本着一种深远的学术济世宏愿，着眼于极其具体、细小的学术工作，希望能对全球时代人们的和平、幸福生活，作出一点微薄的贡献。

　　简要回顾中西哲学与文化比较研究的历史，大约需要从 16 世纪耶稣会传教士来华的时代算起。一方面，来华传教士将中国的社会、历史文化情况发回欧洲，引起了17世纪以后欧洲对于中国文化的持续兴趣；另一方面，来华传教士带来的欧洲学术、科学、思想文化成果，也引起了中国社会少数有识之士的关注。清代康熙年间的"历法之争"，是中西文化交流过程中的一股逆流，但此股逆流所反映出的外来文化与本土文化之间的关系问题，却是真实而持久的。此一问题，在佛教传入中国的过程中也曾经长期存在过，但印度与中华文明都处在农业文明阶段，不涉及文明之间的生死存亡之争的问题。因而在漫长的佛教中国化过程中，逐渐解决了此问题。耶稣会传教士带来的欧洲文化，无论是其中的一神教的思想，还是一些科学的思维方式，对于古老而悠久的中国文化来说，都是一种强有力的挑战。从17世纪初到19世纪中叶，可以被视为中国哲学、文化与欧洲哲学、文化之间比较研究的第一个历史时期。这一时期，由于政治、经济上的自主性，中国哲学与文化也保持着自己的精神主体地位。而在中国大地上进行传教的耶稣会士们，则是主动地让基督教文化向中国哲学、文化靠拢，在中国哲学、文化传统里寻找到有利于他们传教的文化因子，如坚持适应路线的传教领袖利玛窦就努力在中国传统哲学、文化里寻找与上帝相一致的"帝"观念，以证明基督教的上帝与中国儒家传统有内在的一致性。与此同时，欧洲的一些启蒙思想家，如莱布尼茨、沃尔夫、伏尔泰、魁奈等人，则努力从中国哲学与文化里寻找"自然理性"之光，以对抗基督教的"天启之光"，将遥远的中国哲学与文化视为欧洲启蒙文化的同盟军。

1840年鸦片战争以后，特别是第二次鸦片战争、甲午海战等接二连三失败以后，近代中国人在政治上的自主性迅速丧失。伴随而来的是文化上的自信心的丧失。可以说，直到1949年新中国成立以前，中国百年近代史就是一部丧权辱国史,也是一部中华民族不断丧失自己文化自信心,在精神上不断被动和主动地阉割自己的历史。哲学、文化的研究,就其主流形态而言,是一种甘当西方甚至日本哲学、文化的小学生的历史。其中也有一些比较研究的成分,但其比较的结果,就其主要的面向说,都是对自己哲学、文化中专制的、落后的内容进行反思与检讨。只有少数被称为"文化保守主义者"的学者,才努力地发掘中国哲学、文化的自身价值。早年的严复在思想上基本上属于革新派,也在1895 发表的《论世变之亟》一文,深刻地反省了中国文化在近代以来失败的原因,认为其主要原因就是:在政教方面,中国历代圣贤皆未能以自由立教。①

　　新文化运动之初,还未接受马克思主义的陈独秀,曾发表过一篇有关中西哲学与文化比较的文章,文中虽然泛用"东洋"与"西洋"二词,实际上就是讨论中国哲学、文化与西方哲学、文化。陈独秀在该篇文章里一共从三个方面对中国与西方的哲学、文化作了比较,而在整体上都是从否定的角度来评价中国哲学与文化精神的。如第一个方面,"西洋民族以战争为本位,东洋民族以安息为本位"②,其最后的结论是:"西洋民族性,恶侮辱、宁斗死。东洋民族性,恶斗死、宁忍辱。民族而具如斯卑劣无耻之根性,尚有何等颜面,而高谈礼教文明而不羞愧!"第二个方面,"西洋民族以个人为本位,东洋民族以家族为本位",其结论是:"西洋民族,自古迄今,彻头彻尾,个人主义之民族也。""举一切伦理,道德,政治,法律,社会之所向往,国家之所祈求,拥护个人之自由权利与幸福

---

① 严复此文中的一段话很长,其要义是:"夫自由一言,真中国历古圣贤之所深畏,而从未尝立以为教者也。"(《严复全集》卷七,福州:福建教育出版社,2014年,第 12 页。)
② 陈独秀:《东西民族根本思想之差异》,《独秀文存》,合肥:安徽人民出版社,1987年,第 27 页。

而已。思想言论之自由，谋个性之发展也。"①"东洋民族，自游牧社会，进而为宗法社会，至今无以异焉；自酋长政治，进而为封建政治，至今亦无以异焉。宗法社会，以家族为本位，而个人无权利，一家之人，听命家长。"②而被中国传统儒家视为文明象征的忠孝伦理与道德，在陈独秀看来，是一种半开化民族的"一贯之精神"，此精神有四大害处：一是"损坏个人独立自尊之人格"；二是"窒碍个人意思之自由"；三是"剥夺个人法律上平等之权利"；四是"养成依赖性，戕贼个人之生产力"。而整个"东洋民族社会中种种卑劣不法残酷衰微之象，皆以此四者为之因"。③ 第三个方面，"西洋民族以法治为本位，以实利为本位；东洋民族以感情为本位，以虚文为本位。"④而东洋民族以感情、虚文为本位的结果是："多外饰厚情，内恒愤忌。以君子始，以小人终，受之者习为贪惰，自促其生以弱其群耳。"⑤

上述陈独秀在比较哲学与比较文化的视野里，对中国文化全面的批评与否定，可以视为激愤之词，在学术性上也有很多可以商榷之处，在当时中国处于列强环视，瓜分豆剖之际，可以激发国人深沉自省、洗心革面、奋发向上。今天，伴随着我们对西方文化的深入了解，我们可以更加客观、理性地看待中西文明的各自优劣之处。同时，对近代以来资本主义以殖民的方式对世界各国文化所造成的巨大破坏，以武力侵略的方式对整个人类所制造的各种骇人听闻的惨剧，也不应该加以掩盖。

---

① 陈独秀：《东西民族根本思想之差异》，《独秀文存》，合肥：安徽人民出版社，1987年，第 28 页。
② 同上。
③ 同上书，第 29 页。
④ 同上书，第 28 页。
⑤ 同上书，第 30 页。

　　近百年的中国历史,在政治上是受屈辱的历史,在经济上是被侵略的历史,在文化上则是新旧斗争、中西斗争最激烈的历史。一些被称为"文化保守主义者"的学者,在面对西方文化的强势冲击时,努力地维护中国传统哲学、文化的自尊。他们所要维护的有些具体内容未必是正确的,但这种"民族精神自卫"的思维方式与情感倾向,从整体上看是可取的。几乎与五四新文化运动同步,20 世纪 20 年代,一批信奉儒家思想的现代新儒家们也成长起来,其中,以梁漱溟的《东西方文化及其哲学》(1921 年)一书为标志,在中、西、印哲学与文化的比较方面,开始了系统的、哲学性的思考。梁氏从精神生活、社会生活、物质生活三个方面①出发,对中、西、印三大文化系统的异同、优劣、未来可能的走向进行分析,并对世界文化的发展方向作出预测。他认为,"西方化是以意欲向前要求为其根本精神的",或者说"西方化是由意欲向前要求的精神产生'塞恩斯'与'德谟克拉西'两大异采的文化"。② "中国文化是以意欲自为调和、持中为其根本精神的。""印度文化是以意欲反身向后要求为其根本精神的。"③而经过西方近代文化发展阶段之后的未来世界文化发展方向,则是"中国文化的复兴,有似希腊文化在近世的复兴那样"④。梁氏的具体论断与其结论,当然都有许多值得商榷的地方,但他真正从比较哲学的形上学角度思考了人类几大哲学、文化系统的异同,并对三大文明系统的走向作出了自己的论断。由梁氏所代表的现代新儒家的比较哲学与比较文化的思想表明,20 世纪的文化保守主义恰恰为保留自己民族文化的自信提供了一些有益的思想启迪。

---

① 梁漱溟:《东西文化及其哲学》,北京:商务印书馆,1999 年,第 19 页。
② 同上书,第 33 页。
③ 同上书,第 63 页。
④ 同上书,第 202 页。

而从维护全球文化的多元化，反对现代文化的同质化方面，亦为世界文化的丰富性作出了自己的独特贡献。

在回顾 20 世纪中西比较哲学与文化研究的过程中，我们不应该忘记中国共产党人在学术与思想上所作出的贡献。作为中国共产党人集体思想结晶的《新民主主义论》宏文，虽然不是专门的比较哲学与比较文化的论著，但其中涉及的中国新文化发展的大问题，特别是面对外来文化时，恰恰为当代中国的比较哲学与文化研究，提供一个基本的思想原则。在该文里，毛泽东说道："这种新民主主义的文化是民族的。它是反对帝国主义压迫，主张中华民族的尊严和独立的。"①面对外来文化，毛泽东说道：

> 中国应该大量吸收外国的进步文化，作为自己文化食粮的原料，这种工作过去还做得不够。这不但是当前的社会主义文化和新民主主义文化，还有外国的古代文化，例如各资本主义国家启蒙时代的文化，凡属我们今天用得着的东西，都应该吸收。②

毛泽东所代表的中国共产党人，在 20 世纪 40 年代就已经站在本民族文化的再造与创新的高度，触及了中西比较哲学、文化研究的根本方向和历史任务的大问题。当今中国学术界、思想界所从事的比较哲学与比较文化研究，也不是为了比较而比较，恰恰是为了中国当代哲学与文化创新而从事中西比较、中外比较，尽可能广泛地吸收世界上各民族创造的一切有价值的文化成果，从而为当代中国的哲学与文化建设

---

① 毛泽东：《新民主主义论》，《毛泽东选集》第二卷，北京：人民出版社，1991 年，第 706 页。
② 同上书，第 706—707 页。

事业服务。

　　实际上，在 20 世纪比较哲学与文化的领域里，可谓名家辈出，牵牵大者有王国维、胡适、金岳霖、钱锺书、张岱年、侯外庐，以及整个现代新儒家群体，他们的比较哲学与比较文化的研究成果，扩大了中国人的思想视野与知识视野，丰富了中国人的精神内涵，增强了中国哲学与文化的自身活力与创新能力。自 20 世纪 80 年代以来，伴随着中国社会的改革开放，比较哲学与比较文化研究工作，一方面处在恢复发展阶段，另一方面也表现出一些新的特点。除一些学者个人凭借自己的学术兴趣、语言优势，继续从事比较哲学与文化的研究工作外，如海德格尔与中国哲学，解释学与中国的解释学等研究成果，一些大型的丛书与杂志也在持续出版，在更大的范围内影响着当代中国的学术、思想与文化。最典型的系列丛书有：乐黛云所开创并主持的比较文学研究丛书，刘东主持的《海外汉学研究丛书》，任继愈主编的《国际汉学》系列论文集等。而对于中西哲学比较研究史第一次较为系统的梳理与研究，当以许苏民的皇皇巨著《中西哲学比较研究史》为典型代表。当代中国这些新的比较哲学与比较文化研究形态与具体成果表明，伴随着中国与世界的关系越来越密切，比较哲学与文化的研究也越来越深入、越广泛。但就笔者目前所知的情况来看，比较系统、专门地介绍现代西方比较哲学与文化研究，同时又以此主题展开研究的丛书，目前似乎还未出现。因此，我们希望通过此套丛书一辑、二辑，及至多辑的出版，将当代中国的比较哲学与比较文化研究由比较分散的状态，带向一个相对较为集中、专业的方向，进而为推动当代中国哲学与文化的创新，作一点微薄的贡献。

　　相对于当代中国哲学与文化的创新与发展的主题而言，比较哲学与比较文化的研究只是一种学术助缘与手段。但在全球化的漫长过程中，比较哲学与比较文化研究将是一个需要有众多学人长期进行耕耘的广阔的学术领域。近四百年来西方文化在此领域所取得的成就，从整体上看要超过中国。不可否认，西方现代文化在其发轫期充满着一种对东方及其他非西方文化、文明的傲慢，而在比较哲学与比较文化研究的领域里，有些结论也带有明显的文化偏见与傲慢，像黑格尔、马克斯·韦伯等人对东方哲学、中国哲学的一些贬低性的认识与评论，在西方与国际学术界，均产生了相当不好但非常有力的影响，即使是当代中国的有些学人，还深受这些观念的影响。但我们需要全面、系统地了解现代西方学术中比较哲学与比较文明研究的成果，像李约瑟、斯宾格勒、汤因比、雅斯贝尔斯、布罗代尔等人的研究成果，就需要我们系统地研究与翻译，而马克思、恩格斯，以及法兰克福学派的一些有关全球化的反思与论述，也是我们从事比较哲学研究者需要加以认真地研读的系列作品。

正在全面走向世界，并将为世界文化作出新的、更大贡献的中国，需要有更加开放的胸怀，学习、吸纳西方哲学与文化，同时还应该放宽眼界，学习、吸纳全世界所有民族的优秀思想与文化。我们还应该对中东、非洲、南美洲的思想与文化传统有所研究与了解，未来的比较哲学与文化翻译和研究丛书中，也应该有这些地区、国家的思想、文化研究成果。中国的现代化，中华民族文化的现代化，应当是继承欧美现代化、现代文化的一切优良成果，摒弃其中的殖民主义、霸权主义、资本主义唯利是图、垄断等一切不好的内容，从人类一体化，人类命运休戚相关的高度，来发展自己民族的现代化，来创新自己民族的现代文化，为造福世界作出中华民族的应有贡献。

我们希望有更多胸怀天下的学术青年，加入比较哲学与文化的翻译和研究的领域之中，在现在及未来的相当长的一个时间段里，这将是一个有着勃勃生机,充满希望的学术领域;但也是一个充满艰辛劳作的学术领域,因为在这一领域里工作,要比其他领域付出更多的学术努力奋斗,要有良好的外语水平,要阅读大量的文献,甚至还要深入异域文化地区进行实地了解,不只是做书斋里的学问。但通过比较哲学与文化的长期研究,我们也会不断地扩展我们的知识视野与思想视野,丰富我们每个人的内在精神,让自己在精神上真正成为文化上有根的世界公民。这或许是比较哲学与文化研究事业在造就新人方面所具有的独特魅力!

是为序!

丛书主编

2019 年 1 月 30 日

目　录

中译本序言

　　首先，非常感谢万百安（Bryan W. Van Norden）教授邀请笔者给本书中译本写序言。万教授是目前英语世界中研究中国哲学的代表人物之一，他所选编的《先秦中国哲学读本》（*Readings in Classical Chinese Philosophy*）、《先秦之后中国哲学读本》（*Readings in Later Chinese Philosophy: Han to the 20th Century*）以及他撰写的《先秦中国哲学导论》（*Introduction to Classical Chinese Philosophy*）（三本书都是由 Hackett 出版），是目前英语世界"中国哲学"课堂的标配教材，且再版多次。他的专著《先秦中国哲学中的德性伦理学和后果主义》（*Virtue Ethics and Consequentialism in Early Chinese Philosophy*）让其成为英语世界中研究中国哲学的代表人物之一。他的《孟子》一书译本以及他在"斯坦福哲学百科全书"上撰写的"孟子"和"王阳明"的词条也在海外中国哲学界受到了广泛好评。所以，我非常感谢也非常荣幸能够介绍该书。

　　随着万教授 2016 年 5 月 11 日在《纽约时报》（*The New York Times*）专栏的《哲学若无多样性，只配称为欧美哲学》文章发表，在美国哲学界引起了很大反响，很多涉及哲学的媒体平台（Leiter Reports，

Daily Nous，Aeon，The Weekly Standard，The Chronicle of Higher Education)发表了众多支持和批评的文章。《纽约时报》后续又进行了跟进讨论,本书实际上是这场讨论的一个延续。

万教授的核心观点是:不仅仅西方哲学是哲学,包括儒家哲学在内的中国哲学、印度哲学、伊斯兰哲学、非洲哲学等都是哲学;如果西方的哲学系仅仅教授和研究西方哲学的话,他们应该把自己的哲学系改名为"欧美哲学系"。万教授在本书中深入讨论了反对派所持的"质量论证""本质主义者的民族中心主义论证"等观点。从某种角度来说,本书的讨论也是对中国哲学界旷日持久的"关于中国哲学是否是哲学"的讨论的一种回应。

我是自 2012 年开始与万教授深入交流哲学的。自 2014 年之后,他基本上每年来武汉大学讲授一门研究生课程、参加学术会议。他目前担任武汉大学哲学学院讲座教授,也是武汉大学比较哲学和文化发展战略中心外方主任(吴根友教授担任中方主任,该中心是湖北省高等学校人文社会科学重点研究基地)。

万教授作为海外研究中国哲学的学者,对中国文化和中国哲学有深厚的情感。他经常在海外宣传中国文化、中国哲学。他作为美国顶尖人文学院瓦萨学院(Vassar College)的哲学讲席教授、耶鲁-新加坡国立大学(Yale-Nus College)的哲学讲席教授,在课堂上讲授中国哲学;作为知名人士,在《纽约时报》等媒体平台上宣传中国、中国文化和中国哲学。他的这种执着与努力,让人敬仰。

李勇

2019 年 3 月 17 日

于武汉大学振华楼

前　言

　　本书源于万百安（Bryan Van Norden）和我在《纽约时报》的"哲人之石"专栏上的一篇文章。我们当时都认为文章表达的不过是一种无伤大雅的观点，甚至可能被完全忽略，但令我们感到吃惊的是，该文居然引起整个哲学博客圈的激烈讨论。该专栏源自一次成功的有关哲学少数派的会议；该会议由宾夕法尼亚大学（University of Pennsylvania）哲学系主办，由本校研究生组织。参加本次会议的研究生和许多其他人士都非常高兴。

　　不过，万百安和我对这样一个事实感到吃惊：虽然这次会议是由哲学系主办的（尽管系里的常规研讨会系列活动中也有主题演讲），但是，宾夕法尼亚大学的老师们几乎全部抵制了这次会议。系里的大多数老师对非西方哲学根本不感兴趣，即使是自己的研究生在本系组织了这次会议。

　　我们在感到惊讶之余就写了那篇简短的评论，此文被收录在本书的第一章。从我们以往的经验看，大多数哲学同行会不以为然地翻白眼，将其视为哲学领域里的激进人员呼吁变革的小把戏而不屑一顾，而该领域抗拒变革则众所周知。我们希望少数人会认真看待我们的提议，要么勇敢地赞同哲学系应该更名的主张，要么考虑扩充课程和招聘新人（的确有少数哲学系选择了后者）。

我们认为，更多的人可能会提出同样令人厌烦的理由反对变革：我们连"核心"课程的研究都捉襟见肘，怎么可能把本来就稀缺的资源投入到非西方哲学的研究上？这些领域也没有好的博士项目培训人才，我们上哪儿去招聘？我们不懂这些语言，怎么能严肃地钻研其文献和传统？我们缺乏评判非西方哲学优劣的专业知识，那我们怎么能挑选优秀人才和准确评估同行的学术水平？我们要裁掉什么来为新建项目腾出空间呢？

我们知道如何回应这些反对意见，并且事实上也一直这样做。其实，本书对这些问题都作出了详尽的回答。在《纽约时报》网站上，我们第一天就收到八百多条留言评论（"哲人之石"专栏的记录）以及其他哲学网站上数千条热烈的评论，可我们并没有预料到大部分留言和评论中存在着典型尖刻谩骂、人身攻击和赤裸裸的种族主义色彩，甚至有许多评论来自哲学界的同行；我们也没有想到随后发表出来的某些回应文章竟然如此低劣和有失水准：一方面，我们对此感到遗憾，因为我们的回应为这些浮夸之词提供了机会；另一方面，我们也感到很高兴，因为在大庭广众之下清楚地表明了我们在考虑哲学的未来时，利害攸关的东西是什么。本书就是在这种敌意面前，对哲学的未来所作的谨慎的、或许是有争议的思考。

一位哲学家写道，美洲土著民族的文明太短不足以孕育出哲学；许多人把孔子与幸运饼干联系起来；其他人则用"政治正确"的刷子给我们涂上油彩。（我们认为，从政治观点来看，不表现出明确的种族主义和不将结构性种族主义永久化的确是正确的；我们也可以大方地认为，我们的对手也会同意这个观点：即便在政治问题上，如果捍卫自己立场的最好办法是承认对方也是正确的，那它肯定会纳闷自己的立场已经坏到了何种程度。）许多人在论证时，根本没有引用任何文本来支持，也不考虑上下文背景就单单挑出某个非西方文本的片段作为证据来说明非西方传统中根本没有什么有价值的东西。如果这种争论是西方哲学之所以伟大的象征，那么，坦率地说，我们认为将其抛弃可能会更好。亚洲传统的哲学同行不可能提出如此赤裸裸的种族主义观点和蹩脚论证，而且他们的确没有这么做。

我的脑海中有两种反应。一位匿名的学者写道，尽管孔子可能有一些很好的哲学思想，但中国人从未在其著作之后产生论证和评述的传统，因此，中国没有真正的哲学传统。这就是白人特权的嘴脸。这位作者显然对中国哲学的历史一无所知（事实上，它有着丰富并且持续至今的"论证和评述的传统"）；他或者她或许知道他们其实对这个悠久传统一无所知；然而他或她在众目睽睽之下武断地讲话时，自我感觉还非常好。想象一下，一位中国学者承认西方孕育出值得人们研究学习的赫拉克利特（Heraclitus，535—475BC），但他却坚称，西方在赫拉克利特之后再也没有辩论的传统。

事实上，求助于这种白人特权不仅在近来的批评者中很常见，而且这么多年来，就此问题与我讨论的很多人也是如此。它结合了这样一种假设，即作为欧洲人或接受过欧洲传统教育的人有权在所有思想问题上提出随意性假设，即自己不熟悉的浩如烟海的文献是没有价值的，根本不值得学习，也根本不值得讲授，无论在深刻性还是严密性上都无法与西方哲学相提并论，他们甚至不可能做同样的事。这让人不由得想起托马斯·巴宾顿·麦考利（Thomas Babington Macaulay，1800—1859）臭名昭著的言论：

我不懂梵文和阿拉伯文，但是我已经尽力形成了对其价值的正确评估。我读过最著名的阿拉伯文和梵文作品的译本。我与此地和国内精通东方语言的杰出人士进行过深入的交流。我很愿意在东方学者的评价下开始东方学的学习。我从未发现他们中有任何一个人能够否认一家优秀的欧洲图书馆的一个书架就能抵得上印度和阿拉伯的所有本土文学。事实上，西方文学的内在优势得到支持东方教育计划的委员会成员的完全承认。

尼古拉斯·坦皮奥（Nicholas Tampio）针对我们的评论文章写了长篇反驳文章，题目就是"不是所有智慧和善行都是哲学"①。尽管此文的本意很好，但它表明了维持哲学界欧洲中心主义的核心谬误和偏见。坦皮奥以其主张"哲学起源于柏拉图的《理想国》"作为他的第一个前提。我们姑且不论这个说法忽略了柏拉图之前的所有对话以及苏格拉底之前的希腊传统。让我们大方地将《理想国》（*Republic*）作为希腊的别称。即便如此，在声称所有哲学都来自西方的观点中，其最初前提是哲学源于希腊，其实这是犯了非常明显的逻辑错误。坦皮奥之前刚刚认定"呼吁哲学教授在讲述授大卫·休谟（David Hume，1711—1776）和伊曼努尔·康德（Immanuel Kant，1724—1804）之类已经死去的白种男人外，还讲授古代亚洲学者如孔子（前551—前479）和月称（Candrakirti）*，似乎显得思想开放，没有狭隘观念……但这种做法破坏了哲学作为思想传统的独特性，并假惺惺地恭维其他传统正如我们的哲学一样"。这阐述了他的两个论证。首先，孔子和月称都不是真正的哲学家（考虑到此文的结论——非西方哲学家中没有一个是真正的

---

* 约7世纪中叶古印度佛教僧人，印度佛教大乘中观派的主要代表人物之一。（* 均为译者注）

哲学家），其次，把他们归为"圣人"而非哲学家更能表现出尊重。

坦皮奥把孔子和月称都描述为"山顶上的圣人"，与研究真正哲学的人形成鲜明对比，因为真正的哲学出现"在城市里的普通人中"。这种特征概括之所以重要不仅因为它在历史上不准确，而且因为它显现出导致哲学领域变得如此狭窄的种种偏见。孔子在中国的很多城市讲过学，月称也在当时世界上最大的大学那烂陀（Nālandā）*任过教。到目前为止，人人都知道两人都没有独居山顶之上，而且两人都是城市思想精英的成员。重点是，虽然这些信息都能轻而易举地获得，但坦皮奥懒于费心去获取正确信息：欧洲学者无须背负这样的重担。非欧洲知识分子常常把时间都花在山顶和洞穴内，这种先入之见并非只是无关紧要的史实错误，它表现出屈尊俯就、居高临下的浪漫主义想象。它展现出一丝怪异精巧的超脱，以为自己的论证无须通过与其他哲学家的对比来接受检验。印度和中国的传统都有丰富的辩证法思想，这个事实当然很重要，因为它应该说服那些以此排斥这些传统的人打开大门来迎接。但同样重要的是，勇敢面对那些人背后的偏见，他们兜售西方传统对理性的"独特"承诺，而自己却达不到这个标准。

某些思想家不能成为哲学家是因为他们所处的写作的环境所导致，除了这个奇怪的说法之外，坦皮奥还认为，孔子不是哲学家是因为他的写作内容和形式所导致。这至少是有些相关性的（即便这种论证有些道理，它最多能够证明的是孔子不是哲学家，而不是预期的结论，即中国没有哲学）。坦皮奥提供的"孔子不是哲学家"的证据是源自《论语》中论述孝（孝顺）的一句话，这完全脱离了上下文的背景，这句话在背景中看是更大论证的重要组成部分，即孝是尊重法律和权威的持久

---

* 古印度佛教寺院及学术中心。

性而非临时性的性格特征。坦皮奥没有研究此句话的上下文，也没有探究其他学者是如何解读这些文章的。想象一下，引用柏拉图在论述人类起源的《会饮篇》（*Symposium*）中的话，"最初的人是球形的，有着圆圆的背和两侧，有四条胳膊和四条腿，有两张一模一样的脸，圆圆的脖子上顶着一个圆圆的头……但也可以任意向前或向后行走，等到要快跑的时候，他们就像车轮一样快速向前翻滚！"*由此，不仅得出柏拉图不是哲学家的结论，而且也得出西方没有哲学的结论。在随后的书信往来中，坦皮奥承认，他实际上没有读过孔子或月称的作品，更不用说与他们对话的那些思想家了。（在这方面，就印度哲学而言，麦考利比他更有发言权。）尽管如此，他还是心安理得地丢弃这些著作，而无任何不安。这是经典的范围需要扩展的原因之一：如果哲学教育足够广泛，哲学家就不会如此思考和写作了。

最后，坦皮奥建议，把非西方智力活动（不管形式如何）称赞为"智慧的拥有"（而不是哲学，即对智慧的爱）比殖民主义者想同化当地人的做法更能表示尊重。也就是说，我们不应将自己的实践作为值得尊敬的标准，以此来衡量别人，这很公平。不过，我们所说的"智慧传统"这类看似无害的短语究竟什么意思呢？对此，需要说明两点：首先，这不是表达尊敬的方式，而是居高临下地蔑视一种传统。我们有哲学系是因为我们把哲学看作一种智慧活动。这些院系的绝对欧洲中心主义特征是因为我们把欧洲哲学视为默认值或哲学的标准范式或者坦皮奥自己所说的那样，是对现实根本性质的论证的反思和理性调查，或者如同塞拉斯（Wilfrid Sellars，1912—1989）所说的那种尝试，"在该词语的尽可能最广泛的意义上来理解事物如何在最广泛的意义上保持一致"②。

---

　　* 此句借用（古希腊）柏拉图著，王太庆译：《会饮篇》，北京：商务印书馆，2013年。

我们没有"智慧传统",因为我们不看重智慧传统的本质——将其视为神话思考的非理性练习或诸如此类的东西。将孔子或月称放在这一类别中来称赞他们等于是忽略为他们辩护,他们不再是反思的源头而是沦为人类学研究的对象。

而且,以文化位置为基础划出一条界限不仅是坦皮奥而且是绝大多数哲学家的做法(要么像很多批评家那样直接批评,要么是在哲学系非西方哲学课程与师资人员方面的间接忽略)。这样做就是在没有任何证据的情况下认定,东亚、非洲和印度以及世界各地土著群体的思想活动和探索与我们有本质的差异。而这几乎总是等同于认定它是非理性的,或者像坦皮奥一样认定它至少是不完全理性的。想象一下将"食物"定义为意大利人和法国人准备的饭菜,然后把亚洲美食定义为"饲料",然后礼貌地说,我们不想表现出殖民主义者的居高临下,然而他们在做饭和吃饭时,其实与我们做的事完全一样!

我尊重坦皮奥的文章和匿名评论者的评论,因为这些是我们经常听到的典型论证,坦皮奥的优点还在于他可以在洋洋洒洒的一篇长文中非常清晰地阐述他的观点。请让我来重复一下其中心观点:大多数专业哲学家既没有系统学习过或讲授过任何非西方文化,也没有考虑为那些学习和讲授非西方文化的人创造就业岗位,也没有考虑过将哲学课程中的核心地位给予非西方文化的哲学研究。尽管如此,哲学专业领域中认真学习和讲授这些材料的人都同意,非西方哲学传统中存在着大量在哲学上非常先进的、论证严密的、异常重要的著作。另外,研究这些文献的学者也都同意,它其实是与西方从事的哲学一样的,讨论的是类似的问题,虽然拥有不同的视角,但提出了独特的论证和立场。

因此,忽略这项工作无论在认识论上还是在道德上都应该受到谴责。在认识论上应该受到谴责是因为在我们关心的问题上，它要求我们忽略一些论证、立场和视角，尽管有充分的理由相信它们很有价值。它要求我们这样做的理由不过是那些被忽略的东西是由与我们不同的文化中的人所写。显然，这样做的唯一理由已经不存在。如果你现在还不相信这一点，在你读完本书时，你会相信的。还有一个道德问题：在我们的研究、课程和招聘决策中忽视非西方哲学是根深蒂固的种族主义，一旦我们认识到这一点，它就成为我们无法真正认同的做法。

在针对种族主义指控时——我认为这是严肃的指控，不应该轻易对待——我并不是在说我们的哲学同行个人拥有种族主义观点或据此观点行事。那是不负责任的，而且我相信那也是错误的。但是，应该在个人种族主义与结构性种族主义之间划一条界限。一个社会结构若确立或保持一套系统性诋毁（直接或间接）某个种族的人的做法，那就是种族主义，尽管参与其中的个人未必有种族主义观念。

在此意义上，世界上很多地方尤其是美国的专业哲学研究恰恰有种族主义特征。将亚洲、非洲、印度和美洲土著存在的所有哲学都排除在哲学课程之外，而且在研究中忽视它们，就是在传达一种观点——不管是不是有意的——其价值远远低于欧洲文化中产生的哲学，或更加糟糕的是，传达一种印象——不管是不是自愿的——其他文化都不能产生哲学思想，这就是种族主义观点。

当大学哲学系有一个空缺的职位出来——或许因为我们研究康德的专家退休了，或者专门从事可能世界的模态现实主义的形而上学专家在别处找到了工作——我们认定现在有了康德或模态形而上学方面的大"空缺"，并认为这个空缺是比包含东亚、印度、非洲和美洲土著所有内容的空缺更大、更需要填补，这是在支持这些领域相对重要性的种族主义观点。我们必须在反思后决定是否仍然支持这些观点，是否认同表达和巩固这些种族主义观念的做法。

在思考这个问题时,这个事实值得我们反思一下,即在当代人文学科中,哲学在这方面是特立独行。如今你再也不能开办一所只研究英美-欧洲艺术的艺术史院系;你不能开办一所阅读由英语及欧洲语言写就的文学作品的文学系;你更不能开办一所只学习欧洲和美国历史的历史系。以前或许可以,但现在如果尝试这样做就会遭到嘲笑,而且活该。所以,请扪心自问哲学系凭什么不一样?是因为我们的标准更高,还是因为我们在体制上反思不够,甚至退步了?诚实的答案会令人感到非常不安。

正如万百安在本书中指出的那样,这种现状显然需要改变。幸运的是,我们不难看出如何进行补救,但这需要大家共同的意志和努力。我们必须开始看到,现有的院系和学术期刊以及我们的哲学教育因关存在严重的思想及理论空白而不足。我们必须把填补这些空白作为内在的思想必要和道德责任。我们必须逐渐认识到,这样做会使我们成为更好的哲学家,使哲学系成为更好的系,使我们能更好地教育学生,使哲学成为更有价值的社会财富,这是令人愉快和兴奋的思想冒险而非必须承担的负担。也就是说,我们现在必须真诚地行动起来,严格执行我们都认可的价值观。本书向我们展示为什么必须做到这一点,应该如何做到这一点,以及这样做是符合每个人的利益的。我敦促各位继续读下去。

〔美〕杰伊·加菲尔德(Jay L. Garfield)

注释

① Nicholas Tampio, "Not All Things Wise and Good Are Philosophy," *Aeon*,

September 13，2016，https：//aeon. co/ideas/not-all-things-wise-and-good-are-philosophy.

② Wilfrid Sellars，"Philosophy and the Scientific Image of Man" (1962)，quoted in "Wilfrid Sellars," by Willem deVries，*Stanford Encyclopedia of Philosophy*，ed. Edward N. Zalta，http：//plato. stanford. edu/archives/win2016/entries/sellars/.

自　序

　　杰伊·加菲尔德和我未曾预料到，我们2016年5月11日发表在《纽约时报》"哲人之石"专栏上的博客文章《哲学若无多样性，只配称为欧美哲学》会引发如此大的争议。或许我们本来应该想到的：毕竟，我们是在呼吁民族中心主义哲学系重新命名为"欧美哲学系"以便反映其故意忽略主流哲学经典之外的一切哲学。然而，很快就非常清楚的是，我们对美国哲学系沙文主义的挑战触动了他们敏感的神经。本书是详细阐述多元文化哲学主张的一种努力。

　　就像最初的评论文章一样，本书是辩论性的，且有意带有一些挑衅的意味，希望以此激起人们的讨论，增强对相关问题的了解。本书也有意让普通读者读起来感到饶有趣味和通俗易懂。因为重要的是让非专家的人对这些问题感到好奇，他们才想阅读更多，并加深对问题的理解。与仅仅为学界同行写的书相比，本书的论证没有那么滴水不漏，也没那么详细。而且，编辑特别要求写作风格要有点儿"厚脸皮"，于是我尝试着表现出这样一种口吻，在论述中没有回避公开表现出的党派偏见，有时候会以一种在课堂上或学术刊物上避免使用的嘲讽口吻来表达观点。

　　为了帮助那些想要了解英美-欧洲哲学经典之外的哲学的读者，我在自己的网站 http：//bryanvannorden.com 上提供了参考书目①："较不普遍被讲授的哲学书单"。我非常感激詹姆斯·马菲（James Maffie）和肖恩·罗宾（Sean Robin）提出的建议，将美国原住民思想的相关内容收录其中，也要感谢特拉维斯·霍洛韦（Travis W. Holloway）对有关大陆哲学读本方面提出的建议。

我要感谢杰伊·加菲尔德在许多事情上对我的帮助：为如何从事多元文化哲学研究提供了启发思考的案例，为民族中心主义的哲学系重新命名的最初建议，以及为本书所写的前言。（遗憾的是，他公务缠身无法与我一起完成本书的写作。）我也要感谢哥伦比亚大学出版社的编辑温迪·洛赫纳（Wendy Lochner），是他建议我把加菲尔德和我在"哲人之石"上的专栏文章展开论述写成一本书，温迪还对本书的初稿提供了很多非常宝贵的反馈意见。在这方面，我还要特别感谢柯爱莲（Erin Cline）、本杰明·霍夫（Benjamin Huff）、杰弗里·塞德曼（Jeffrey Seidman）、梅维恒（Victor Mair）*、孟德卫（David E. Mungello）**、马修·沃克（Matthew Walker）以及两位匿名审稿人的帮助。我的文字编辑罗伯特·德克（Robert Demke）工作非常尽职，纠正了初稿中由粗心所导致的一些错误。我还要感谢刘易斯·戈登（Lewis Gordon）、查尔斯·古德曼（Charles Goodman）和凯尔·怀特（Kyle Whyte）有关非洲、印度和美洲土著哲学博士项目的建议。感谢威廉·列维坦（William Levitan）帮助我避免犯下有关学识渊博的修女爱洛绮丝（Héloïse，1090/1100—1164）***的错误。武汉科技大学的吴万伟教

---

*　美国汉学家、敦煌学家。宾夕法尼亚大学亚洲及中东研究系教授、宾大学考古及人类学博物馆顾问。
**　美国汉学家，现为贝勒大学（Baylor University）历史与亚洲研究教授。
***　她与文艺复兴的先驱——法国哲学大师皮埃尔·阿贝拉尔（Pierre Abélard，1079—1142）的恋爱故事非常有名。

授翻译了本书,我要对他表达诚挚的感谢。此外,我的同事胡静老师对本书的翻译提供了巨大的帮助,她仔细研读翻译初稿,对书中的英文双关语、习语及笑话的中文翻译提出了宝贵的修改意见,我感激不尽。当然,我还要感谢家人芭芭拉、查尔斯和梅丽莎·范诺登(Melissa Van Norden)对我的帮助,不仅感谢他们对本书初稿提出的反馈意见,而且感谢他们忍受我的繁忙日程安排,我无暇顾及他们,导致他们不得不去观看僵尸电影,玩僵尸视频游戏,以及常常小睡。

作为本书灵感的那篇专栏文章本来是打算附有 2016 年在宾夕法尼亚大学举办的"少数派与哲学"会议的联署人名单的。由于《纽约时报》的编辑政策,他们的名字不能被收录进来,但是,杰伊和我非常感谢下面这些人的支持:他们是史密斯学院哲学系主任纳利尼·布山(Nalini Bhushan)、阿育王大学(Ashoka University)哲学系的阿底提·查图尔维迪(Aditi Chaturvedi),特拉华大学哲学系主任艾伦·福克斯(Alan Fox)、宾夕法尼亚大学哲学系主任亚历山大·格雷罗(Alexander Guerrero)、宾夕法尼亚大学哲学系博士生纳贝尔·哈米德(Nabeel Hamid)、布鲁克林学院(Brooklyn College)哲学专业学生詹妮·英尼斯(Jennie Innes)、维拉诺瓦大学(Villanova University)哲学系的矢莉·克莱因(Julie R. Klein)、马里兰大学哲学系主任詹姆斯·马菲(James Maffie)、宾夕法尼亚大学南亚研究所的德文·帕特尔(Deven Patel)、布鲁克林学院哲学专业学生杰西卡·泰勒(Jessica Taylor)、布鲁克林学院哲学专业学生克里斯蒂娜·温鲍姆(Christina Weinbaum)以及哈弗福德学院(Haverford College)哲学系学生凯瑟琳·怀特(Kathleen Wright)。(我在本书里提到的指责都不包括他们,杰伊也是如此。)

本书的部分内容之前曾经发表在《斯凯克利》(*Skye Cleary*)上，《英语世界的中国哲学：万百安访谈录》，《美国哲学学会博客》(blog of APA)(2016 年 5 月 17 日)，网址 http：//blog.apaonline.org/2016/05/17/chinese-philosophy-in-the-english-speaking-world-interview-with-bryan-van-norden/；杰伊·加菲尔德和万百安：《哲学若无多样性，只配称为欧美哲学》，《纽约时报》"哲人之石"专栏(2016 年 5 月 11 日)，网址：http：//www.nytimes.com/2016/05/11/opinion/if-philosophy-wont-diversify-lets-call-it-what-it-really-is.html；以及拙文《中国哲学正在从美国哲学系消失：我们应该关心吗?》，《对话》(2016 年 5 月 18 日)，网址：https：//theconversation.com/chinese-philosophy-is-missing-from-u-s-philosophy-departments-should-we-care－56550；《孔子论同性婚姻》，《外交官》(2015 年 7 月 13 日)，网址 http://thediplomat.com/2015/07/confucius-on-gay-marriage/；《在英语世界研究中国哲学的问题和前景》，《美国哲学学会亚洲哲学家和亚裔美国哲学家及其哲学的时事通讯》第 15 卷，第 2 期(2016 年春季)，网址：http://c.ymcdn.com/sites/www.apaonline.org/resource/collection/2EAF6689－4B0D－4CCB－9DC6－FB926D8FF530/；《中国哲学危机的三个问题》，《美国哲学学会亚洲哲学家和亚裔美国哲学家及其哲学的时事通讯》第 8 卷，第 1 期(2008 年秋季)，网址：https://c.ymcdn.com/sites/www.apaonline.org/resource/collection/2EAF6689－4B0D－4CCB－9DC6－FB926D8FF530/v08n1Asian.pdf；《林肯的政党怎么啦?》，《河马阅读》，网址：http：//read.hipporeads.com/what-happened-to-the-party-of-lincoln/，本书倒数第二段包括了一行诗的解释：那是威廉·华兹华斯(William Wordsworth，1770—1850)所著的"狄翁"(Dion)："对狄翁的美德，表现出何等纯粹的敬意，如月亮般反射出柏拉图的天才/从崇高

的境界/在雅典学园的丛林中聚拢在他的周围。"*

注释

① 以及我还有一个为中国读者所创立的中文网站 http：//www.bryanvannorden.com/chinese，读者们可登陆该网站了解关于本书的更多内容。

---

* 狄翁(Dion，408—354BC)是柏拉图的学生，叙拉古国王狄奥尼修斯一世
(Dionysius the Elder，432—367BC)的妻弟，狄奥尼修斯二世(Dionysius the Younger，397—343BC)的连襟，曾起兵反叛失败被流放，再后来不幸遇刺身亡。历史学家普鲁塔克(Plutarchus，c.46–120)曾写过《狄翁生平》。

为了纪念

我们家族的第一位哲学家

查尔斯·范诺登牧师（Rev. Charles E. Van Norden，DD，1843—1913）

和

第一位汉学家

沃纳·蒙田·范诺登（Warner Montaigne Van Norden，1873—1959）

我是世界公民。

——第欧根尼

大人者，以天地万物为一体者也。其视天下犹一家，中国犹一人焉。若夫间形骸而分尔我者，小人矣。

——王阳明

第一章

多元文化哲学宣言

多元文化哲学宣言

在整个东方都找不到哲学。

——康德（Immanuel Kant）

我们要让孩子们知道，哲学家并不仅仅只有柏拉图和亚里士多德，还有杜波依斯（W. E. B. Du Bois，1868—1693）和阿兰·洛克（Alain Locke，1885—1954）。

——小马丁·路德·金（Martin Luther King，Jr）①

自公元前399年雅典陪审团判处苏格拉底（Socrates，前469—前399）死刑以来，哲学一直是文化战争中最讨人喜欢的鞭打对象。然而，现在的哲学家很少被指控为"腐化青年"。相反，令人吃惊的是大部分专家认为哲学是没有意义或不切实际的。如科学家奈尔·泰森［（Neil de Grasse Tyson），声称主修哲学"可能让你的思想变成一锅粥"］、参议员马可·鲁比奥［（Marco Rubio）高喊"电焊工比哲学家更赚钱，我们需要更多的电焊工，哲学家则要更少些"］。②泰森的评论极具讽刺意味，因为他本人就是哲学博士，这反映出他否认自然科学起源于哲学的历史事实。此外，真正伟大的科学家认识到哲学持久不变的重要性，爱因斯坦（Albert Einstein，1879—1955）甚至指出："在我看来，哲学见解创造出的独立性是区分工匠或专家与真正的真理追求者的标志。"鲁比奥的说法根本就不准确，哲学专业毕业生不仅比电焊工赚更多钱，而且还比像鲁比奥这样政治学专业的毕业生的平均收入更高。另外，在法学院、医学院甚至商学院的研究生入学考试中，哲学专业的毕业生的成绩最高或者名列前茅。就在鲁比奥发表不屑一顾的评论时，身旁就站着一位哲学专业毕业的商人：前惠普首席执行官和共和党总统候选人卡莉·菲奥丽娜（Carly Fiorina）。[③]

虽然学术派哲学的批评家对问题所在犯了错误，但哲学系的确在很重要的方面辜负了学生：他们没有讲授传统的英美欧洲哲学经典之外的哲学，虽然这些哲学也非常深刻、迷人，而且越来越有重要意义。

在美国顶尖的 50 家授予博士学位的大学哲学系中，[④] 只有六所大学拥有讲授中国哲学的专职教授。[⑤] 在这 50 所大学之外，只有另外三所大学拥有足够强的中国哲学师资开设博士项目。[⑥] 此处（在本书的其余部分），我之所以关注中国哲学是因为这是我自己的专业领域。然而，中国哲学只是在英美-欧洲主流哲学中众多"较不普遍讲授的哲学"［less commonly taught philosophies (LCTP)］之一。例如，美国大学中只有六所哲学博士点有印度哲学，其中只有两所大学的哲学系排在前50 名之列。[⑦]美国只有两所大学的哲学博士点长期讲授美洲土著居民的哲学。[⑧]美国大部分哲学系没有讲授非洲哲学课程的专职教师。[⑨]即使一些深受古希腊罗马哲学传统影响的主要哲学流派也受到美国哲学系的忽略，包括非洲裔美国人的哲学、基督教哲学、欧洲大陆哲学、女性主义哲学、伊斯兰哲学、犹太哲学、拉丁美洲哲学以及女同性恋、男同性恋、双性恋、跨性别社群*哲学。

那么,哲学系都讲授些什么呢?前50所大学中每一所都至少有一名教师(经常不止一名)可以完全胜任讲授古希腊巴门尼德(Parmen.des of Eleas, c.515BC—?)哲学。巴门尼德的作品仅存一部,那是一首哲学诗歌,包括一些格言警句,比如"可以言说,也可以思考'有'确实存在,因为它可以存在,'无'不存在。这些是我让你好好思考的东西"。**⑩如果转向现代哲学,我们会发现几乎每个顶尖哲学系都有一位语言哲学专家,他/她随时准备就"法国现任国王是秃子"这句话是否有错[王如伯特兰·罗素(Bertrand Russell,1872—1970)阵营所说]或者既不对也不错[正如彼得·斯特劳森(Peter Strawson,1919—2006)所说]进行热烈辩论。⑪看来,当代哲学家不是因为腐化青年的罪名而被判处死刑,更有可能的是因为他们用无聊之极的语言活活把年轻人气死!

什么是多元文化?

为了理解哲学系的狭隘问题为何如此严重,请让我们举一个"较不普遍讲授的哲学"的例子。美国大学应该更多讲授中国哲学至少有如下三个原因。首先,中国无论在经济还是在地缘政治上都成为起来越重要的世界大国,其传统哲学具有持续的相关意义。中国商人花钱请佛教僧侣讲课,道家学说不仅吸引农民(对他们来说,那是传统的一部分)而且对许多知识分子也有很强的吸引力。⑫

---

   * LGBTQ——女同性恋者(Lesbians)、男同性恋者(Gays)、双性恋者(Bisexuals)与跨性别者(Transgender)、酷儿(Queer)的集合用语。

** 此句借自《西方哲学原著宣读》上,北京大学哲学系外国哲学史教研室编译,巴门尼德著作残篇,商务印书馆,《公法评论》http://www.gongia.com/bamannidecanpian.htm。

　　我们应该怎样看待中国对孔子的推崇呢？20世纪初，中国五四运动的现代派宣称儒家思想的核心是专制和教条主义，因此中国必须"砸烂孔家店"才能成为富强和民主的国家。中国当代许多知识分子都表示赞同。［一位中国教授告诉我说，美国篮球协会（NBA）对当代中国人日常生活的影响都比儒家思想更大。］作为针对该批评的回应，"新儒家"宣称儒家思想可以而且应该与西方民主达成和解，还可以为西方哲学贡献出一些新见解，如政治组织的社群主义模式以及个人美德的培养等。其他评论家则认为，儒家贤能政治事实上优越于西方民主中的暴民统治。（在观看了上次美国大选之后，人们可能更乐意赞同这种观点。）还有一些人认为借用孔子只是一种民族主义情绪的工具而已。⑬

　　了解上述问题的相关观点对于理解中国的现在和未来都非常重要。如果哲学家不讲授孔子，下一代的外交官、参议员、众议员、总统（更不用说知情的公民）如何了解孔子及其在中国思想中的作用呢？我的某些哲学同事会说，学生们可以从宗教研究或区域研究院系来了解儒家思想。我会提醒他们，如果院长告诉学生不需要聘请康德专家，因为德语系也可以教康德；不需要聘请政治哲学家，因为政治学系也有人能讲授"那种东西"，学生的抱怨会有多么激烈。哲学家对文本提出的某些问题和在讨论中使用的某些方法未必在其他人文学科或社会学科中采用。其他学科的方法当然同样宝贵，但绝对不能代替从哲学的角度来阅读文本。⑭

　　美国哲学系应该研究中国哲学的第二个原因是，作为哲学，它能提供很多价值，想想英语世界中有关中国哲学的若干具有划时代意义的著作。李耶理（Lee H. Yearley）以其《孟子与阿奎那：美德理论与勇敢概念》（*Mencius and Aquinas: Theories of Virtue and Conceptions of Courage*）开始了比较哲学的一场小型革命，该书展示了西方德性伦理学的概念如何应用于儒家思想研究。⑮李耶理认为,这两种传统如此相似足以能够对它们合理地进行比较,但两种传统的差异则足以让两者相互学习。例如,阿奎那传统和儒家传统都有一套"基本美德"的清单(囊括所有较次要美德的主要美德);然而,这些清单只有部分重叠。儒家的基本美德是仁、义、礼、智,而阿奎那(Thomas Aquinas,1225—1274)的基本美德则是智慧、正义、勇敢和温和。思考这些基本美德的不同概念为我们回答幸福生活是什么的问题提供了更广阔的答案。⑯

许多哲学家正在就儒家哲学的其他方面进行非常有趣的研究:比较儒家与西方的正义概念,⑰讨论儒家孝道和童年教育观如何为公共政策提供具体的建议,⑱在西方大哲学家如霍布斯(Thomas Hobbes,1588—1679)和卢梭(Jean-Jacques Rousseau,1712—1778)与孟子(前372—前289)、荀子(前313—前238)进行富有成果的对话,⑲考察基督教与儒家在道德修身方面的相似性与差异性,⑳将中国哲学的深刻见解与当代心理学和伦理学结合起来以形成替代传统西方伦理学的强大选择。㉑有些主流哲学家包括阿拉斯戴尔·麦金泰尔(Alasdair MacIntyre)和玛莎·努斯鲍姆(Martha Nussbaum)思想开放,愿意与儒家思想进行对话。㉒

亚洲哲学也可以为语言哲学和逻辑学作出重要贡献。例如,大多数西方哲学家(可以追溯到亚里士多德)认为矛盾不可能为真。然而,似乎既真又假的命题多得令人吃惊。有些是日常生活中的句子(比如撒谎者悖论,"这句话是假的",如果为真,那这句话所指的内容就为假;如果为假,那这句话所指的内容就为真),形式逻辑数学系统还产生了其他悖论(如罗素悖论,设定 S 是指一切不包含自身的集合的集合。在这种情况下,S 属于 S 显然不对,但若 S 不属于 S,也是有违定义的,这就是问题所在)。亚洲哲学家更愿意接受一些既真又假的命题。因此,有些当代哲学家正在试图将佛家和道家有关悖论的见解与"并行相容性逻辑"（paraconsistent logic）结合起来为双面真理论（dialetheism）辩护。[23]这并不是亚洲哲学领先西方哲学数千年的唯一专业课题：古代墨家学派哲学家就认识到，"不透明的语境"阻碍了同指术语的可替代性，而这一点在西方直到 20 世纪才被完全接受。[24]

在哲学系课程中添加中国哲学之所以重要的第三个原因则与哲学面临的多样性这个严峻问题有关。研究者美莎·绮丽（Myisha Cherry）和埃里克·施维茨格贝尔（Eric Schwitzgebel）最近指出：

> 在美国拥有哲学博士学位者中，妇女仍然只占大约 28%，在哲学教授中，妇女仍然只占 20% 左右，而且从 20 世纪 90 年代起，这个数字变化很小。而在这个国家，获得哲学博士学位的美国公民和永久居民中有 86% 是非拉美裔的白人。与哲学学科规模相当且拥有更多白人的是那些明确把焦点集中欧洲传统的学科，如英国文学。哲学界很难找到黑人。黑人或非洲裔美国人在美国人口中占 13%，在各学科博士学位获得者中占 7%，在哲学博士学位获得者中占 2%，在最著名的哲学期刊作者中占不足 0.5%。[25]

（美国）哲学博士中代表率最低的是美洲土著人，据估测，在高等教育界工作的总共只有 20 个人。我自己的亲身经历和许多同事的经验表明，哲学家中绝大部分都是白人男性的部分原因就是有色人种学生面对的几乎是清一色的白人课程。正如绮丽和施维茨格贝尔所说，白人男性学生"看到教室前面站着跟自己一样面孔的老师，听着教授们说出和自己一样的话语。在哲学课堂上，他们看见几乎所有伟大哲学家的典范都是白人男性。他们认为'那就是我'，并很快进入角色"。哲学系的学生受到的是狭隘的种族中心主义教育。解决哲学家中清一色白人男性的问题既是公平正义的要求,也与哲学作为一门学科的生存息息相关。女性和有色人种学生在大学生中所占的比例越来越高,到了 2045 年,白人将成为美国的少数群体。哲学要么多元化,要么灭亡。

虽然我提出了地缘政治的、哲学的、人口学的理由,但美国哲学系需要增加的不仅是中国哲学,而且还要增加其他不被普遍讲授的哲学。那么,在课程多元化过程中,哲学做得如何呢?十年前,在美国顶尖的 50 所大学哲学系博士项目中,只有 4 所大学开设中国哲学课程。㉟如果包括其他院系教师提供的跨学科课程,现在已经达到 8 个。从这一点推断,中国哲学课程的开设在缓慢而稳定的增长中。有些哲学系以前有中国哲学方面的专家,现在却失去了。另外,某些哲学系现在有这方面的师资,却没有得到承诺一旦他们退休就招聘新的老师来接替。难道我们不能做得更好些吗?

次善之策

在 2016 年宾夕法尼亚大学举办的非西方哲学传统"少数派与哲学"的会议上,我的同事杰伊·加菲尔德(一位受过分析哲学专业训练的哲学家,后来成为研究佛教的专家)半开玩笑地说,任何哲学系若不讲授非洲、阿拉伯、中国或印度哲学,就应该被迫改名为"欧美哲学系"。我赞同这个想法,并建议我们两个就此话题合写一篇评论文章。该文发表在《纽约时报》"哲人之石"专栏中:

　　完全围绕欧美哲学家和哲学著作来组织设计学科,一些人相信是有道理的,但是我们想请这些人用诚实和开放的态度来探索这一议程。因此，我们建议只开设西方哲学课程的院系应该被更名为"欧美哲学系"。这个简单的改变将更加名副其实，不仅让这些院系的研究领域和使命更加清晰，也将向学生和同事传递其真正的思想承诺。我们没有理由抵制这一小小的改变……尤其是那些直接或间接支持欧洲中心主义立场者。

我们有些同事为这个立场辩护的理由是，非欧洲哲学仅仅属于"区域研究"院系如亚洲研究、非洲研究或拉丁美洲研究。果真如此，那我们要求持这种观点者请勿采用双重标准，将自己的院系也设立在"区域研究"中如欧美哲学研究。其他反对更名者或许觉得单独把哲学挑出来不公平。我们并没有欧美数学系或欧美物理系。这是一种下流的诡辩，非欧洲哲学传统对欧美哲学讨论的问题提供了独特的解决办法，提出了欧美传统中没有讨论的问题或为这些问题设置了框架，或强调和更深入地讨论了欧美哲学中的边缘化哲学问题。而其他当代文化并没有对数学或物理学作出相应程度的贡献。

当然，我们相信重新命名哲学系不如在保留哲学系这个名字的同时确保扩展哲学课程……我们希望美国哲学系将来有一天也像我们如今讲授康德一样讲授孔子，哲学系学生将最终有同样多的机会像学习《理想国》那样学习印度圣典《薄伽梵歌》(*Bhagavad Gita*)。波斯哲学家阿维森纳(Avicenna，980—1037)的飞人思想实验将像美国哲学家希拉里·普特南(Hilary Putnam，1926—2016)的"缸中大脑"思想实验同样著名。名为"月称"的古代印度哲学家对自我概念的批判性考察将像研究大卫·休谟的著作一样被认真研究；我们的学生熟悉研究殖民主义的法国作家、革命家弗朗茨·法农(Frantz Fanon，1925—1961)，加纳大学科瓦西·维尔都(Kwazi Wiredu),拉科他部落土著人莱姆·迪尔(Lame Deer,1903—1976)和女性主义哲学家玛丽亚·卢格尼斯(Maria Lugones)的程度就像熟悉他们在当今哲学经典领域的哲学同事一样。但是,在此之前,让我们诚实地面对现实,给当下的哲学系一个名副其实的名称吧:欧美哲学系。⑦

这篇评论文章掀起了一场轩然大波。"哲人之石"专栏的前五篇文章平均每篇有 277 条评论。我们这篇在 12 小时后关闭回复之前共收到 797 条评论,30 多个网站作出了评论或主持了讨论会。[我上大学的孩子对我们在红迪网(Reddit)上的文章引发的一系列的讨论印象尤为深刻。]⑧这些回复比大学课堂上基本的讨论显出更大的热情。有人认为哲学中的多元文化主义运动是明显的进步。华盛顿圣三一大学校长帕特·麦圭尔(Patricia McGuire)给出评论:

　　人文教育的宝贵经典主要建立在西方霸权的基础上,即欧洲和英国的写作、艺术、文化和视角。许多老师包括我们华盛顿三一大学的老师在内,多年来一直在努力改造课程和课程设置,使之包括来自各种文化和传统的不同观点和贡献。这些变化加强和丰富了整个人文教育课程,使之变得更加开放,让有多元化背景的一代学生更容易接受。让我们面对事实:伦敦有一位穆斯林市长,这意味着这样一个事实,即连那些崇尚英国的一切人也需要赶上当代生活中已经确定无疑的多样化现实。学习的经典也应该反映这个现实,包括哲学在内。⑨

然而,许多回应是非常负面的:

当然，以准确反映讲授内容的方式命名哲学系，并讲授全球思想传统，无论是好是坏，都会有一个特定思想学派会引发大火，打破文化界限，并为现代科学奠定基础(有人愿意乘坐采用非西方数学原理制造的飞机飞行吗?)，也为我们最无压制性的政府管理体制奠定了基础。这使得一个特定思想学派成为其他学派学习的适宜的基础。⑤

(就个人而言，我只愿意乘坐采用在非西方数学原理制造的飞机飞行。毕竟数字零就是印度的发明，我们的词汇"代数"来自阿拉伯，是古埃及人发明了二次方程。)我们的文章的另一位读者更是不屑一顾："请别对我说什么政治正确的鬼话。非欧洲哲学中有很多历史意义和价值，但是，欧洲远远领先于世界其他地区是有原因的。我不相信我们只因为假装所有文化都同样先进的可笑理由就应该牺牲这种领先优势。"⑥

质量论证

这些批评意见表明，非欧洲的思想在某种程度上不如欧洲哲学那么好。当代大部分西方知识分子都在这个问题上肆意发挥。已经过世的大法官安东尼·斯卡利亚(Antonin Scalia, 1936—2016)是个例外，他的出版物可以说出许多人心里的真实想法，或者可以在俱乐部里私下跟志同道合的同事对此津津乐道。在奥贝格费尔(Obergefell)诉霍奇斯(Hodges)案的多数派裁决意见中，最高法院决定将美国的同性恋婚姻合法化。大法官安东尼·肯尼迪(Anthony Kennedy)在表述"婚姻是人类生活的核心制度"时引用了孔子和罗马哲学家西塞罗(106—

43BC)的名言。⑩斯卡利亚对此持异议，他责备肯尼迪大胆引用中国圣人的名言："美国最高法院已经堕落，它从约翰·马歇尔（John Marshall，1755—1835）和约瑟夫·斯托里（Joseph Story，1779—1845）的严格法律推理变成了幸运签语饼上的神秘格言。"⑪他的异议反映了这种观点："世界并不指望诗歌或鼓舞人心的大众哲学讲究逻辑和精确，但它要求法律必须做到这些。"⑭请注意，斯卡利亚不会说任何来亵渎西塞罗的话；他只是鄙视孔子。具有讽刺意味的是，最高法院大楼的东面山墙上刻有孔子、摩西和梭伦的雕像，代表了世界上三大法律和道德传统。⑮

　　责难非欧洲哲学的人不仅仅是右派法学家。许多自认为属于政治进步人士的哲学家也对它不屑一顾。研究科学的分析哲学家马西莫·匹格里奇（Massimo Pigliucci）撰写过一篇文章，题目是"论某些东方哲学的假深刻"⑯。（他说"某些"，但论文正文没有迹象表明他的命题上有任何限制。）匹格里奇得出的结论是"根本就没有东方哲学此类东西"，据说这是基于详尽的研究——而所谓的研究不过是阅读了一些有关禅门公案（kōans）和维基百科上的文章而已，他自己都承认。匹格里奇解释说，哲学是一种"使用逻辑推理和经验科学进行的探索"，依靠实证科提供证据。一个哲学研究生随口说出诸如"逻辑推理"和"实践经验"等术语，好像这些术语毫不模糊，毫无争议，我们应该给这个研究生开列一份书单回去好好补课，可先从皮埃尔·迪昂（Pierre Duhem，1861—1916）、加斯东·巴什拉（Gaston Bachelard，1884—1962）、托马斯·库恩（Thomas Kuhn，1922—1996）、让-弗朗索瓦·利奥塔（Jean-François Lyotard，1924—1988）、保罗·费耶阿本德（Paul Feyerabend，1924—1994）、米歇尔·福柯（Michel Foucault，1926—1984）、威拉德·冯·奥曼·蒯因（W. V. O. Quine，1908—2000）、威尔弗雷德·塞拉斯

（Wilfrid Sellars，1912—1989）、唐纳德·戴维森（Donald Davidson，1917—2003）和理查德·罗蒂（Richard Rorty，1931—2007）等的作品入手。匹格里奇继续说道："佛家、道家、儒家思想等"在本质上不是"哲学，因为它们没有试图通过逻辑和证据来阐明立场"。（斜体字"等"是著名的逻辑运算符，用于以实践经验证明为基础作出精确概括。）最后，匹格里奇解释，除了逻辑和实践经验基础之外，真正的哲学（即西方哲学）"不需要面壁冥想几十年"。

我要问匹格里奇（或斯卡利亚的灵魂）他为什么认为墨家为政府权威辩护的自然状态论不是哲学。[37]他如何看待孟子（约前372—前289）的反证法驳斥人性被简化为对食物和性欲的主张？[38]他为什么忽略庄子（约前369—约前286/275）的怀疑主义无限回溯论证呢？[39]韩非子（约前280—前233）认为政治制度的设计不能指望政治代理人的美德，他如何看待这个观点？[40]宗密（780—841）* 认为现实从根本上说是精神性的，因为我们无法解释意识如何产生于无意识的物质。他对此观点又有什么看法？[41]他为什么把柏拉图式对话视为哲学，却忽略法藏（643—712）**的对话呢？ 在对话中，法藏声称个人是由他与别人的关系所决定，并对反对意见作出了回应。[42]王阳明（1472—1529）认为知道善而不行善是不可能的，他对此观点又持什么看法？[43]戴震（1724—1777）反对"存天理，灭人欲"，认为人欲的正确处理就是天理***，他是否觉得有说服力？[44]他如何看待牟宗三（1909—1995）对康德的批判？[45]刘少奇（1898—1969）认为除非补充个人伦理修养理论，否则马克思主义就是

---

* 唐代僧人，华严宗五祖，在《禅源诸诠集都序》中说："若顿悟自心本来清净，元无烦恼，无漏性智，本自具足。此心即佛，毕竟无异。"
** 唐代僧人，华严宗实际开创者，宗内称为三祖。
*** 性之欲不可无节也。节而不过，则为依乎天理，非以天理为正，以人欲为邪也。《孟子字义疏证·理》第十问答。

不连贯的。他如何看待这个观点？⑯他更喜欢大乘佛教的《维摩诘经》（the *Vimalakirti Sutra*）中提出的男女平等论述，还是宋明理学李贽（1527—1602，明代晚期哲学家）的女性平等观 *，抑或是马克思主义者李大钊（1889—1927）提出的观点** ?⑰

当然，每个问题的答案都是那些认为中国哲学不理性者根本没有听说过的论点，因为他们懒得去阅读中国哲学，只是简单地不屑一顾。坦白地说，这样的评论让我想起那些没有完成阅读指定任务的本科生，他们自认为对此话题有些"特酷的想法"，而且全班同学还能听他们的演讲而收获良多。然而，我给出的成绩肯定是"不及格，请来跟我谈谈"!

有人说你错，你就感觉受到冒犯，那么，你根本就不配自称知识分子。但是，在真诚的理性论证与充满蔑视的嘲讽之间存在着很大区别。英国牧师威廉·帕利（William Paley，1743—1805）哀叹道，"谁能反驳嘲笑？""毕竟，这样的攻击是在没有调查的情况下就已发起。"很多有关哲学的论证我们不愿意承认，那些不过是"皱眉头论证"（*argumentum per supercilia*）。伟大的经济学家约翰·梅纳德·凯恩斯（John Maynard Keynes，1883—1946）精彩地描述了分析哲学创始人之一摩尔（G. E. Moore，1873—1958）是如何实践这个技巧的：

---

* "不可止以妇人之见为见短也。故谓人有男女则可，谓见有男女岂可乎？谓见有长短则可，谓男子之见尽长，女子之见尽短，又岂可乎？"李贽《焚书·答以女人学道为短见书》。

** "一个公正的愉快的两性的关系，全靠男女间的相依、平等与互相补助的关系，不靠妇女的附属与男子的优越。男女各有各的特征，全为平等的关系，全有相辅与补足的地方。妇女在社会上也同男子一样，有他们的地位，在生活上有他们的要求，在法律上有他们的权利，他们岂能甘愿长久在男子的脚下受践踏呢？"——《李大钊文集》转引自吴美华、刘星星"李大钊的婚姻家庭观"，http://cpc.people.com.cn/GB/69112/71148/71165/4821999.html。

摩尔是使用这种方法的大师——用怀疑的语气回应他人的言论——你真的会认为，面部表情变成嘴巴大开，猛烈摇头否认，好像所听到的让他陷入了弱智、愚笨和吃惊的状态。他会说"哦！"睁大眼睛盯着你看，似乎在说不是你疯啦就是我疯啦；此时根本不可能作出任何回答的。[48]

毫不奇怪，摩尔对待非西方哲学的态度只有蔑视。印度哲学家达斯古普特(Surendranath Dasgupta，1887—1952)在伦敦亚里士多德协会会议上宣读了一篇关于吠陀哲学(Vedanta)认识论的论文之后，摩尔作出的唯一评论是"我自己没有什么可说的，但我相信，达斯古普特说的话绝对是错的"。在场的英国哲学家对其反对吠陀哲学的具有破坏性的"论证"而哄堂大笑，这就是被用来贬低欧美哲学经典之外的哲学时通常采用的那种虚假论证水平。当人们断言非西方哲学并不是真正的哲学或者至少不是优秀哲学时，是因为他们从来没有仔细研究过且拥有明智而连贯的看法。我知道这一点是因为任何以开放的心态去学习这些哲学的人都承认它是哲学而且很重要。

本质的民族中心主义

反对多元文化哲学的第二个论证出现在保守派刊物《旗帜周刊》(*The Weekly Standard*)上，是对加菲尔德和我的文章的回应。凯尔·皮尔内(D. Kyle Peone)认为，因为"哲学"是源自希腊的词汇，它只是指源自古希腊思想家的思想传统。[49]类似的论证路线出现在尼古拉斯·坦皮奥发表在《永世》(*Aeon*)杂志上的文章，宣称"哲学源于柏拉图的《理想国》"[50]。(对那些讲授前苏格拉底的哲学家如巴门尼德的人来说,这是坏消息!)换句话说,哲学的本质是某个具体西方知识谱系的一部分。这种反对非西方哲学存在的本质主义论证之所以失败有两大原因:一个是概念上的,一个是历史上的。

首先,是本质主义的概念问题:人们是否从事同一种探索——比如不管是哲学的还是科学的探索——不可能仅仅取决于历史偶然性。请考虑一个平行的案例。勾股定理说直角三角形的两条直角边的平方和等于斜边的平方。虽然这个定理一般都认定是毕达哥拉斯(Pythagoras,570—495BC)发现的,但是欧几里得(Euclid,450—374BC)在《几何原本》中首次给出了证明,这是流传至今的西方证据。后来发现,中国人也知道勾股定理。其最早的出现是在古代著作《周髀算经》①。《周髀算经》给出的证明满足了最严格的数学标准,可以说比《几何原本》中的证明更简练。我们能够说《周髀算经》因为不是源于毕达哥拉斯和欧几里得的数学传统而不是"数学"吗? 这显得太荒谬了。如果西方人不知道勾股定理,《周髀算经》的证明可以被翻译成英语,并超越美国任何顶尖数学期刊的标准。

还有一些清晰的历史案例是有关学术思想传统接受外来思想从而得到扩展。当佛教在公元1世纪由印度僧人传入中国时,那里已经有充满活力的多样化的本土精神传统,包括儒家和道家(各自都有众多不同的阐释派别)。佛教是完全的外来思想体系,对古代中国思想家的很多根本性伦理学和形而上学假设是一种很大的挑战。但是,中国哲学家研究佛教经典,将其翻译成自己的语言,学习新的专业术语,进行佛教争论。结果,中国思想传统得到了永恒的深化。即使人们拒绝将"哲学"的标签贴在任何一种思想体系上,儒家和道家能够适应和容纳佛教思想的事实就已经破除了那种认为思想传统具有密封起来的不变本质的幻觉。

类似的转变出现在不久前的西方哲学中。当一家主要的欧洲大学开始讲授某个非经典思想家的观点，教师中的主流哲学家反对，他们认为新哲学不是"我们的传统"的一部分，那是误入歧途的时髦，可能导致课程质量下降。因为新哲学跟很多被广泛接受的观点格格不入，有些哲学家求助于软弱无力的相对主义，认为在这些问题上存在"两个真理"。这种途径只能令主流哲学家相信新哲学是胡说八道。但是，一位杰出的哲学家认为，发现真理的最好方法是通过与世界所有主要哲学进行多元主义对话。这个哲学天才就是托马斯·阿奎那（Thomas Aquinas，1225—1274）。在 13 世纪的巴黎大学，阿奎那和哲学家大阿尔伯特（Albertus Magnus，1200—1280）（阿奎那的老师）以及其他受到鼓励的学生和同事们开始扩展经典的范围（他们之前只学习柏拉图化的基督教），不仅学习异教徒亚里士多德的哲学（当时在西欧被重新发现），而且学习犹太人和穆斯林思想家的著作。结果西方哲学传统得到重整复兴和不断深化。[无耻的"拉丁阿威罗伊主义者"（Latin Averroist）* 布拉邦的西格尔（Siger of Brabant，1240—1284）就是主张"两个真理"的人。有趣的是，西格尔到底是如何死的也存在两种说法（"两个真理"），但我认为每一种说法都各有的真实性。]阿奎那的案例和亚里士多德的重新发现是说明西方哲学经典从来不是封闭系统的众多例子之一。哲学在变得越来越多样化和多元化的过程中只会变得更加丰富、更加接近真理。

哲学民族中心主义的历史

反对多元文化主义的本质主义论证之所以失败的第二个理由是，

---

* 伊斯兰哲学家阿威罗伊的学说。

将哲学定义为自希腊开始的独立的传统是最近的观点,有历史偶然性和争议性的观点。正如彼得·凯普·帕克(Peter K. J. Park)在《非洲、亚洲与哲学历史》一书中所指出的那样,"哲学起源于希腊的观点是18世纪极少数史学家的观点"。那个时代大多数学者可以认真接受的仅有观点是哲学始于印度,或哲学始于非洲,或印度和非洲都把哲学传给了希腊。

而且,当欧洲哲学家在17世纪第一次了解中国思想后,他们马上就认为这是哲学。《论语》这部记录了孔子言行的儒学经典的第一个欧洲语言译本就是由受到西方哲学严格训练的耶稣会士翻译的,他们为译文起名为《中国贤哲孔子》(Confucius Sinarum Philosophus, 1687)。饶有兴趣地阅读耶稣会士描述的中国哲学的西方大哲学家是戈特弗里德·威廉·莱布尼兹(Gottfried Wilhelm Leibniz, 1646—1716)。他对二进制算术和《易经》之间明显的对应关系(因此他发明了二进制算术,这成为计算机的数学基础)感到震惊。《易经》这本中国经典通过一系列间断和不间断的线条形象地展示宇宙的结构,其本质上就像二进制中0、1两个字符一样。莱布尼兹还有一句名言,他说,虽然西方因接受了基督教的启示而占有优势,在自然科学方面优于中国,但"在实践哲学方面,即在将伦理学和政治学戒律应用在现有生活与尘世生活方面,我们实在相形见绌了(尽管不愿承认这一点)"。

1721年,一位有影响力的哲学家克里斯蒂安·沃尔夫(Christian Wolff, 1679—1754)在哈雷大学所作的演讲《论中国人的实践哲学》中,呼应了莱布尼兹的哲学理论。沃尔夫论证说,孔子显示,拥有一个不以敬神或自然宗教为基础的道德体系是可能的,因为它提出了伦理学可以与上帝信仰完全脱离关系。该演讲在保守的基督徒中引发了一场轩然大波,他们鼓动当局撤销了沃尔夫的职务并将他驱逐出境普鲁士。

不过，他的演讲使其成为德国启蒙运动的英雄，并很快在其他地方获得了有威望的职位。1730 年，他又发表了第二次公开演讲《论哲学家之王和统治哲学家》(De Rege Philosophante et Philosopho Regnante)，他高度评价中国人就国家大事征询孔子及其后来的追随者孟子等"哲学家"的观点。⑯

中国哲学在法国也很受重视。法国路易十五朝廷的主要改革家之一弗朗索瓦·魁奈(François Quesnay，1694—1774)在《中国专制制度》(Despotisme de la China，1767)中特别赞扬了中国的管理制度和哲学，因而被尊为"欧洲的孔夫子"⑰。魁奈是自由放任经济政策的创始人之一，他在圣王舜的"无为而治(不干涉自然过程)"中明白了该政策模式。⑱自由放任经济学与无为在意识形态上的关系一直持续至今。罗纳德·里根(Ronald Reagan，1911—2004)在 1988 年的"国情咨文"中引用了《道德经》中对"无为"的描述，将其解释为反对政府干预商业活动的警告。⑲(当然，我并没有说中国哲学的每个思想都是好的。)

所以在 18 世纪的大部分时间里，哲学始于希腊的观点在欧洲并不被认为是理所当然的，反而中国哲学就是哲学被认为是理所当然的。那么后来为什么西方哲学的态度改变如此之大？正如帕克令人信服地指出，把非洲和亚洲排除在哲学经典之外，是由于两个相互关联的因素的集中影响。一方面，康德哲学的捍卫者有意重写了哲学史，从而将他的批判唯心主义描绘成所有早期哲学发展的顶峰，在早期哲学探索发展的过程中，有的哲学理论获得了一定的成功，有的却没有。另一方面，欧洲知识分子逐渐接受了白人优越论并将其系统化，其隐含的意思就是非白人群体产生不了哲学。⑳[正如爱德华·萨义德(Edward Said，1935—2003)所说，种族主义的这种东方主义因素与欧洲帝国主义的兴起相关，其中包括东印度公司在南亚的冒险和拿破仑入侵埃及。]㉑因此，将非欧洲哲学从经典中排除是一种决定，而非人们一直相信的东西。然而，这个决定不是基于合理的论证，而是基于欧洲哲学中亲康德派的派别争夺方面的考虑，是一种非科学和在道德上可憎的种族观点。

康德本人是有名的种族主义者。他在其人类学讲座中将种族视为科学类别（其实不是），并将种族作了等级划分，将白人列为最高级：

1. 白人拥有所有天赋和动机。⑫

2. 印度教徒……非常冷静，看起来都像哲学家一样。尽管如此，他们更喜欢生气和爱。虽然他们受过最高程度的教育，但只有艺术而没有科学，所以他们根本掌握不了抽象概念。

3. 黑人种族……充满活力和激情，他们非常活泼，喜欢说话但白费口舌。这个种族可以接受教育，但只进行仆人教育，即可接受训练。（在另一个场合，康德驳斥了一个评论，理由是"这个歹徒从头到脚都完全是黑色的，这就是他言论愚蠢的明证"。）⑬

4. 美洲土著人是不可教的：因为他们缺乏情感和激情。他们也不懂情爱，因此繁殖力不强。他们很少说话……什么都不在乎，而且非常懒惰。

康德将中国人和东印度人并列，声称他们喜欢"静态……因为他们的历史书籍表明，他们现在知道的东西并不比过去早已知道的多多少"⑭。所以，康德这位西方传统中最具影响力的哲学家之一断定中国人、印度人、非洲人和美洲人天生没有运思哲学的能力。当代哲学家也理所当然地认为中国人、印度人、非洲人和美洲人根本没有哲学。如果这只是巧合，那也是惊人的巧合。

由于康德的种族主义，很难相信他在自然地理学讲座中对儒家思想的判断是基于证据的合理评估而得出："整个东方都没有发现哲学……他们的老师孔子在著作中只是为君王讲授道德教义，再无其他内容……列举了先皇的例子……但是，美德和道德概念从未进入中国人的头脑。"⑤康德还直言不讳地说："在中国，人人都有勒死或溺死孩子的自由，只要觉得负担太重养不起的话。"⑥然而，正如历史学家孟德卫（David E. Mungello）指出的那样，"欧洲人对中国杀婴做法深感恐惧是出于沙文主义的虚伪，他们对欧洲大陆出现的大量婴儿遗弃事件则视而不见"⑦。许多经典的欧洲神话都反映了这一现实：在罗马神话中，罗慕路斯（Romulus）与雷穆斯（Remus）是罗马市的奠基人。他们在婴儿时期就被遗弃，而后被野兽抚养长大。《格林童话》中"韩塞尔与葛雷特"（Hansel and Gretel）也是被遗弃在树林里的孩子饿死的故事。在英国，遗弃婴儿十分普遍，以至于 1872 年议会要通过《婴幼儿保护法》对所有婴儿进行登记。⑧在中国，杀婴事件不会被当作随意性的事件：一旦出现这种事情，佛教徒和儒家都会强烈谴责这种做法，并且会为被遗弃的孩子集资创建育婴堂。⑨我并不否认这种杀戮的确很可怕。我也不否认偏向于弃杀女婴（当代选择性堕女胎的趋势）也的确特别令人憎恶。我所反对的是西方用杀婴的例子来说明西方在道德上优于中国。

黑格尔（G. W. F. Hegel，1770—1831）是一位富有洞察力的康德批评家，但是他与康德一样对中国思想不屑一顾，他指出：

> 我们看到孔子与其弟子的谈话即《论语》一书，其中除了一些善良的、有道理的常识性道德教训之外，并无任何特别的东西。那些观点可以在世界上的任何地方和任何人身上都能找到，而且表达得更好些。相比孔子的所有作品，西塞罗关于道德教育的书《论

职责》讲得比孔子的所有著作加起来更全面、更完善。孔子只是一个有些实际的世俗智慧的人，在他身上看不到一丁点儿的思辨哲学。我们从他的原著中可能得出结论，倘若他的书从来不曾有过翻译，对他的著作的名声来说反倒是更好的事。[20]

黑格尔在其他地方也说过："在孔子的主要作品中……可以发现正确的道德箴言；但是，其思想中存在累赘、迂回的想法和习惯性思维，使其思想无法摆脱平庸而难以上升到哲学层次。"[21]具有讽刺意味的是，许多人摒弃黑格尔的哲学著作恰恰是因为它们存在同样的缺陷"累赘"和"迂回"。

请注意，黑格尔像斯卡利亚一样给予西塞罗远高于孔子的特权待遇。作为真正读过这两个人的作品的人，我发现孔子比西塞罗更有趣。西塞罗让我想起在感恩节上强留你长谈的叔叔，没完没了地教你钓飞鱼。许多人会认同我的观点：古典学者及诺贝尔奖得主西奥多·蒙森（Theodor Mommsen，1817—1903）的权威观点是："西塞罗的演说中可怕的荒谬思想会使每个读者都感到反感。"同样，菲利普斯安多夫学院（Phillips Academy Andover）一位受人爱戴的希腊罗马文学老师阿尔斯通·赫德·切斯（Alston Hurd Chase）承认，"西塞罗自吹自擂的演说"导致几代学生放弃研究拉丁语。[22]相比之下，最初接受过分析哲学训练的主流哲学家赫伯特·芬格莱特（Herbert Fingarette，1921—2018）却说道，当他认真阅读孔子的著作时，他发现"孔子是个有深刻洞察力的思想家，其深刻的富有想象力的思想前所未见"[23]。

反对多元文化主义的本质主义论争一直持续到 20 世纪。马丁·海德格尔（Martin Heidegger，1889—1976）声称，"经常听到的说法'西欧哲学'实际上是一种同义反复（套套逻辑）。为什么这样说？因为哲学在本质上是希腊的；……哲学的本质就是这样一种首先适应希腊世界的，而且只此一家才能展开"㉔。同样，雅克·德里达（Jacques Derrida，1930—2004）于2001年访华时，说了这样一句震惊主持人（在中国哲学系任教）的话，他说："中国没有哲学，只有思想。"观众大惊失色，德里达回应说："哲学与特定的历史、语言和古希腊的某些发明有关……这是欧洲形式的东西。"㉕德里达和海德格尔的言论可能是为避免与西方形而上学的纠缠而表现出恭维非西方哲学的样子。但事实上，他们的评论就像说完全不受西方腐败影响束缚的"高贵的野蛮人"一样，带着居高临下的恩赐态度，但也因为同样的原因无法参与西方的高级文化。将德里达的《论文字学》（Of Grammatology）翻译成英文的后殖民女权主义者斯皮瓦克（Gayatri Spivak）承认"几乎依靠相反的种族中心主义，德里达坚持认为，逻各斯中心主义是西方的财产……尽管第一部分讨论了西方对中国的偏见，但在德里达的文本中，东方根本没有被认真研究或解构过。回顾黑格尔和尼采关于地图学的幽默（他们假定地理上的区别如哲学的区别一样大），为什么东方只是一个超越我们知识面的一个名称？"

　　有时，当代哲学家的狭隘思想可笑且令人困惑。我对早年求职助理教授接受面试时的很多经历仍然记忆犹新。在申请材料中，我曾提交过一篇讨论道家批评儒家伦理学的论文。道家的部分论证是，那些自觉提倡美德者（像儒家）在事情不顺心顺意时，会首先"卷起袖子诉诸武力"。（《道德经》38章说，"上礼为之而莫之应，则攘臂而扔之"。）有意识地努力成为有德之人往往适得其反，这种观点不是没有任何道理的，因为人们很容易不知不觉地变得虚伪，自以为是。儒家的典型回答是，强调尊重和谦卑的美德就能让自以为是不太可能产生。我曾期待与其他哲学家讨论道教与儒家之间的辩论。然而，在一次面试中，一位有名的分析派认识论学者问了我一个问题："你提到卷起袖子之事。在我见过的中国哲学家的画像中,他们都穿着长袍。那些人有袖子吗?"他似乎对自己的这一发现兴奋不已。

在另一次面试中,一位哲学家问了我一个漫无边际且令人困惑的问题,当时我几乎无法理解,现在其中大部分内容我都记不清了。不过,我一直记得他的结论:"所以,我想我要说的是,中国哲学家玩的思想游戏有如小联盟棒球,而西方哲学家正在打职业大联盟棒球。你同意吗?"我不同意,也没有得到那份工作。

专业哲学家的民族中心主义有时候攻击性过强,而无法让人发笑。前哲学博士生尤金·帕克(Eugene Park)动人地谈到他鼓励哲学多样化的途径却遭遇失败:

> 我发现自己一次次地被无知、有时是露骨的种族主义搞得不知所措。在不同的学院,我建议有可能的话聘请某个专门研究中国哲学或女性主义哲学或种族哲学的专家。我抱怨本科生和研究生课程的欧洲中心主义本质。当然,我的评论和建议毫无例外地得对以下问题进行同样的理性解释:为什么哲学就是这个样子,为什么它要保持不变。解释我系里一位老师的话就是:"这是我们身处的知识传统。要么接受它,要么走人。"
>
> 必须接受并遵从狭隘的哲学概念的压力普遍存在。当我试图将非西方和其他非经典哲学引入我的论文时,我系里的教授建议我转到宗教研究系或"种族研究"比较受欢迎的其他院系去。⑩

帕克最终放弃了继续攻读博士学位。还有多少其他学生——特别是那些可能给哲学带来多样性的学生——要么从一开始就遭拒绝,要么中途退学,因为哲学似乎只不过是显示白人男性成就的一座庙宇。

可悲的现实是，像康德、黑格尔、海德格尔、德里达、斯卡利亚、匹格里奇和帕克所遇到的教授们的评论都是爱德华·赛义德所说的"东方主义"的一些表现：从埃及到日本的一切在本质上都是一样的，是西方的对立面：因为"东方人是不理性的、堕落（颓废）的、稚气的、'与众不同'的；欧洲则是理性的、积极的、成熟的、'正常的'"。⑰受东方主义影响的人不需要真地阅读中文（或其他非欧洲）文本或认真对待他们的论证，因为他们已有先前的解释："'东方人'为了所有实际的目的，都有柏拉图式的本质，任何东方学者（orientalist）（或东方的统治者）都可能会考察、理解和显露出来。"⑱这个本质也确定了中国、印度、中东或其他非欧洲思想家所说的话用最好的词来描述可以说是离奇，用最坏的词则是愚昧。

不可否认，种族主义是一个问题，但同样真实的是大多数美国哲学家对中国哲学根本就是一窍不通。正如哲学家埃里克·施维茨格贝尔遗憾地说道："无知显然就这样为无知辩护：因为我们不了解他们的作品，所以这些作品对我们的哲学几乎没有影响；而正因为它们对我们的哲学影响不大，所以我们更有理由不了解他们的作品。"⑲如果说美国哲学家对中国思想真的有所了解（可能是通过读本科时修的非哲学类亚洲文学通识课程而有点儿认识），那可能就是有关孔子的《论语》《道德经》或《易经》。在我看来，在所有古代经典中，这三本著作对当代哲学家来说是最不容易理解的。正如乔尔·J.考普曼（Joel Kupperman）所说：

如果受过教育的中国人、韩国人和日本人（以及少数西方学者)认为他们理解《论语》,那是因为他们已经阅读了整本书,而且可能不止一次。若放在更广的背景中,这种幽默的言语就有了含义。对于非专家西方读者而言,《论语》最初看起来似乎就是罗尔沙赫氏测验(Rorschach test)*中使用的不规则线条。③

　　《道德经》和《易经》也一样:在理解其背景和影响力方面,如果不努力,如果得不到帮助,很容易丢掉这些书,认定中国哲学只不过是浅薄的陈词滥调或简单的语汇沙拉。具有讽刺意味的是,从《论语》《道德经》或《易经》开始学习中国哲学就有点像从前苏格拉底哲学家开始学习西方哲学一样。赫拉克利特和巴门尼德残篇,正如《论语》和《道德经》中记载的异质性言语一样,是理解后来哲学发展的重要背景,它们的确为有能力者提供了有趣的哲学和文本议题。然而,要理解它们在哲学上的重要意义,初学者需要大量的帮助,如果你对它们各自思想传统的全部认识都来自这些作品的话,你会误入歧途。③

　　然而,如施维茨格贝尔所说,"即使按最严格的标准",古代的结果论者墨子和儒家德性伦理学家荀子"都是真正的哲学家"②。施维茨格贝尔是一位备受敬重的分析哲学家,主要研究心智,他还注意到,道德现实主义者孟子和他的反现实主义对手庄子的风格与尼采和维特根斯坦类似,因为他们都提供强有力的初步论据,虽然他们没用当代哲学家常用的格式来写论文。我还想在古代思想家名单中添加法家韩非子和慎到(约前 390—前 315),他们都是真正的哲学家。③在后期中国传统中还有很多有趣和伟大的哲学家,特别是在佛教、宋明理学和新儒家传统中。④

---

　　*　是通过对墨渍图案反应而分析其性格的实验。

避免思想帝国主义

到目前为止，我已经回复了那些不愿意将"哲学"标签贴在非西方思想家身上的人，其理由是他们没有从事任何得到认可的哲学研究（只要阅读一下有争议的思想家的著作就能轻易证明该断言为假）。我也对本质的民族中心主义提出了挑战，他们认为哲学建立在特定历史传统的基础上（在概念上令人迷惑、历史上令人怀疑的观点）。然而，有人认为，将非西方思想作为"哲学"本身就是一种思想帝国主义，因为这将西方范畴当作理所当然。我当然同意，在理解如何将教义和论证置于特定文化背景中时，我们必须特别小心谨慎。这些教义和论证通常不会与我们自己的完全重叠。然而，同样重要的是，不要认为西方哲学像独块巨石一样巨大而单调。贾斯汀·史密斯（Justin E. H. Smith）在其最近的著作中优雅地指出，"自 2500 年前左右第一次使用'哲学'这个术语以来，它一直就是很多东西的集合体"。而且"哲学在历史上从一个自我概念到另一个自我概念的转变一直都是步履蹒跚，艰难而行"。一般来说，我认为在思想史上我们应该同意停止使用定冠词"the"这个词。"西方哲学概念""中国圣人观念""印度解放观念"（英语中这三个短语都需要使用定冠词"the"）：这些用法和类似的确定性描述都是非指代性的，因为定冠词"the"隐含的意思是独特性。柏拉图、康德和罗素对哲学是什么的理解并不相同。佛家、道家和儒家对于究竟是什么因素让人成为圣人也有不同看法，甚至对谁是圣人也没有一致意见。印度哲学家对于你需要解放什么，或者你如何赢得解放，或者解放出来后进入什么状态等拥有不同看法。因此，危险不在于我们可能会错误地将西方哲学家的独特概念强加于（例如）中国对圣人的独特概念上。相反,需要避免的诱惑是假设西方哲学家所做的是所有哲学的权威,而且也必须是其他文化的哲学家正在做的事(如果他们从事哲学研究的话)。例如,如果我们将古代儒家孟子与现代西方哲学创始人勒内·笛卡尔(René Descartes,1596—1650)进行比较,他们似乎在从事完全不相关的活动。然而,孟子正在探索的根本问题似乎与古代斯多葛学派的爱比克泰德(Epictetus,55—135)的相同,即最好的生活方式是什么,虽然他们得出了不同的答案,各自都很有趣而且信息量很大。更合适与笛卡尔进行对话的亚洲哲学家会是佛教思想家法称(Dharmakīrti,600—680),他提供了困扰笛卡尔的认识论和形而上学问题的替代性结论和论证。在第五章中,我更深入地讨论诸如什么是哲学、为什么应该有更广泛的哲学定义以及为什么某些非西方思想显然是哲学等问题。不过,我希望前文的思考将鼓励那些担心思想帝国主义危险的人接着读下去。

我们从此走向何处?

正如儒家哲学家朱熹(1130—1200)所说,从时间上说,先有道德知识,但恰当的行动才是最重要的 * ,因此,我对学界同行提出以下具体建议:下次你有权聘用一个新的哲学家时,如果你聘用一个只擅长主流欧美哲学的人,请考虑一下这是否有益于哲学系的长远发展,是否有益于学生的教育,甚至是否有益于哲学这门学科的生存。

---

* "知、行常相须……论先后,知为先;论轻重,行为重。"(《朱子语类》)朱子曰:"为学之固在践履,苟徒知而不行,诚与不学无异。"(《朱子大全·答曹元可》)"诵说虽精,而不践其实,君子盖深耻之。"(《王阳明全集之一》知行录之三,传习录下 6 答林充之)

　　有时我会听到反对课程多样化的糟糕论证："你让我们砍掉什么课程？我们连保留西方哲学现状都非常吃力了！"你说得对。你不可能涵盖欧美哲学的全部领域。但那又如何？你根本就没有接近涵盖西方哲学所有课程，而且永远也做不到！西方哲学中有十几个独特的"课题"科目（包括美学、应用伦理学、认识论、逻辑学、元伦理学、形而上学、规范伦理学、语言哲学、数理哲学、心智哲学、科学哲学、政治学等），西方哲学还有至少 8 个独特的历史科目（古代西方哲学、希腊哲学、中世纪西方哲学、早期现代西方哲学、19 世纪大陆哲学、20 世纪大陆哲学、分析哲学史、实用主义史）。所以，如果你想拥有涵盖西方哲学所有内容的哲学系，那么你至少需要 20 位哲学教授。实际上，即使是美国的大哲学系也不去试图覆盖所有领域，但有些哲学教授的专业领域会有所重叠。一个顶尖的哲学系拥有 19 名教师，其中 7 位都将心智哲学列为专长（该系有一名中国哲学教授和一名非洲哲学教授，这一点值得称赞）。所以，是的，如果你要在课程中增加非西方哲学或其他较不普遍讲授的哲学，一些领域的涵盖面会窄一些。其实你已经而且总是在涵盖面问题上作妥协。而且，教授较不普遍讲授的哲学的学者几乎总能在某些"主流"哲学领域从事教学和研究工作。中国哲学与伦理学非常匹配；印度哲学很容易与分析形而上学、认识论和语言哲学结合起来；其他较不普遍讲授的哲学有很多与政治哲学直接相关。

　　我曾经询问过一位哲学界的领袖人物，希望她就如何增加美国哲学系课程的多样性提出建议。我非常钦佩她以及她的工作，其工作包括广泛社会活动，因此，我对她的支持抱有很高的希望。她是这样回答的，鉴于精通古代汉语或梵文且能够指导博士生的学者很少，而且拥有这些语言背景的研究生申请者很少，我们在作出改变的时候不可能不"走捷径"。我承认哲学系的变化速度就像冰川变化一样缓慢的部分理由是渠道问题。很少有学校讲授欧洲哲学主流之外的哲学,因此很少有这些领域新毕业博士受大学聘用,讲授这些哲学的学校也就无法大量增加。这就形成一种恶性循环。

虽然渠道问题真实存在,但它并不是造成课程多样化失败的借口。第一,亚洲与比较哲学协会拥有六百多名会员,这个可能是专门研究非西方哲学的最大专业组织。[⑥]所以,如果愿意的话,讲授亚洲哲学的顶尖哲学系的数量能够翻一番,目前从事这些领域研究的学者多得很。第二,哲学中许多未被研究的领域并不需要美国外事学院(the US Foreign Service Institute)认定的"第三类"语言(对操英语者来说是最难学习的)的专业水平。马丁·路德·金(Martin Luther King,Jr,1929—1968)博士和圣雄甘地(Mohandas Karamchand Gandhi,1869—1948)都能用英文写作;杰出的女性主义、存在主义哲学家西蒙娜·波伏娃(Simone de Beauvoir,1908—1986)用法语写作;拉丁美洲解放思想的创始人恩里克·杜塞尔(Enrique Dussel)用西班牙文写作。第三,哲学家既有"专业领域"(他们发表论文和指导研究生论文的领域),又有"能力领域"(能讲授本科生基础课程的领域)。即使你找不到有资格从事较不普遍讲授的哲学的研究者,至少可以聘请一位可讲授本科生课程的人。

你绝对不应该做的是,让哲学系中某个讲授欧美哲学又碰巧是非欧洲裔的老师说:"我们有压力得开亚洲/非洲/伊斯兰哲学课,你为什么不设计开一门呢?"是的,这事的确发生过。这是赤裸裸的种族主义论调。[这就像对我说,我是波兰血统,所以肯定喜欢波兰熏肠(Kielbasa)和饺子形馅饼(Pierogis)一样糟糕。这是哪门子的道理?这些美食我的确喜欢,但这是另外一个问题。]而且,还未获得终身教职的教师由于害怕不服从学院的安排而丢掉工作,他们不得不忍辱负重而接受你的要求。

最后，给学生提一些建议：无论是作为个人还是集体，你都有相当大的权力鼓励高校教师和管理者讲授欧美哲学主流之外的哲学。首先，成立"少数派哲学"（MAP）本地分部，并与其他学校的分部建立联系。[⑳]少数派哲学是致力于全方位扩大哲学领域的多样性的学生组织：所谓全方位，即在本科生层次和研究生层次，在教师中，以及开设的课程中都有。本地少数派哲学分部有时会组织读书小组或邀请演讲嘉宾到学校一起讨论很少被研究的哲学家。实施改变的另一个简单方法就是填写新开课申请表。一旦学校开设了中国哲学、印度哲学或其他较不普遍讲授的哲学课程时，就选修这些课程。如果没有提供这些领域的课程，您可以要求自主学习。如果得不到积极的回应，那就到了要求改变的时候，向你的教授、系主任、院长和大学校长陈情。如果请求不起作用，那就递交请愿书。如果请愿书还不起作用，那就到组织抗议活动的时候了。

如果让哲学系改变课程在一开始遭遇太多的阻力，那就请遵循加菲尔德的建议，争取次等好的结果：要求哲学系将名称改为"欧美哲学系"以便名副其实。他们实在没有合理的理由拒绝承认他们所教的课程。这或许显得我们放弃了斗争。但我相信，如果真的实行了这样的改变，最多再过十年，哲学系就会变成多元文化院系。当前，哲学院系还可以藏身于"哲学"（一个代表有国际意义的话题）这个名称背后来掩盖其站不住脚的狭隘的做法。如果将其羞耻暴露给同事和学生，变革压力之大将变得难以抗拒。

有人警告我将呼吁学习非西方哲学与多样性问题以及身份政治等议题联系起来将可能导致不同方式的政治化，而这些结果未必是我想要的。[㉑]我同意。作为教授，我小心翼翼地保护我从事自己研究的权利,并以我自己的想法教我的课。这并不是傲慢或固执。我花了多年时间不断在自己的专业领域扩展知识,寻找最好的方法向学生传授我所学的知识,传递我对哲学的热爱。我总是很乐于收到反馈意见,不管是积极还是消极的,我都在考虑进行长期的调整。然而,从根本上来说,在 30 年的教学和研究之后,我可以说没有一个只接受了四年本科教育的学生会比我更明白设置这些课程及研究的意义。因此,在理想的情况下,哲学系应该自己决定自己的课程设置。

可悲的是,我们生活在不理想的世界中。几十年来,我和其他许多人一直在据理力争,试图让非西方哲学得到更多的支持从而纳入课程体系中。我呼吁哲学系的同行以自己的方式作出适度的改变以应对不断变化的世界。然而,我越发觉得,实现哲学变革的唯一方法是动员学生起来要求改革。如果哲学系被迫进行课程改革,那将不是温和的,这个改革也不是由对以下两个问题的深刻理解所指导的,即哲学到底是什么? 其思想标准又是什么? 这就是为什么加菲尔德和我在专栏文章最后提出如下警告:

> 对那些还不欢迎课程多样化的哲学系,我们还有最后一个建议。由于人口学上的、政治的和历史的原因,美国向更加多元文化的哲学概念的转型似乎不可避免。请别忘了斯多葛派箴言:"心甘情愿者,被命运之神带着走;推三阻四者,将被命运之神拖着走。"⑩

一方面,我们建议更大的多元主义可以让哲学更加丰富,更加接近真相;另一方面是要展示这一多元主义。因此,在第二章"对话中的传统"中,我将提供若干案例来解释西方哲学和亚洲哲学如何进行建设性对话。人们拥有各种信仰,并不都是出于可意识到的理由或理性的理

由，所以在第三章"特朗普的哲学家"中，我将论证我们看到的强烈反对
哲学中多元文化主义的动机，在很大程度上与煽动民族主义、种族主义
和其他种族中心主义的沙文主义本能并无二致。有些人认为任何种类
的哲学都没有任何价值，在第四章"电焊工与哲学家"中，我解释了哲学
教育的职业好处、哲学对西方文明作出的贡献以及哲学在培养公民致
力于理性的公民对话的价值。最后，在第五章"孔子与苏格拉底之道"
中，我将论证当代哲学家应该对自己在社会中被边缘化的情况承担部
分责任，并讨论了如何改变这一情况，哲学家们应保持崇高的志向，激
励伟大哲学探索，无论其文明源头在何处。

注释

① 卷首铭文引自：Immanuel Kant，*Physical Geography*，translated in Julia Ching，
"Chinese Ethics and Kant," *Philosophy East and West* 28，no. 2（April 1978）：
169，and Martin Luther King，Jr.，"Address Delivered at Poor People's
Campaign Rally"（March 19，1968；Clarksdale，Mississippi），cited in James
Cone，*Risks of Faith*（Boston：Beacon Press，1999），152n20（最初的演讲稿存
于佐治亚州亚特兰大马丁·路德·金研究中心，文件编号：680323‐02）。

② 泰森是在电台节目"Nerdist Podcast"上接受克里斯·哈德威克（Chris
Hardwick）（主修哲学）的采访时作出这个评论的，请参阅：*Nerdist Podcast*，
episode 139，uploaded November 11，2011，http://nerdist.com/nerdist-podcast-
139-neil-degrasse-tyson/。鲁比奥是 2015 年 11 月 10 日在威斯康星州密尔沃基
举行的共和党候选人辩论期间提出这一说法的，请参阅：*The American
Presidency Project*，www.presidency.ucsb.edu/ws/index.php? pid＝110908。

③ 这些主张的来源以及对批评学习哲学者的更详细回应，请参阅第四章。

④ 哲学系排名不可避免地会引起争议。此处，我用的排名来自 2014—2015 年"哲
学报导"（PGR），请参阅：the 2014‐15 Philosophical Gourmet Report（PGR），
www.philosophicalgourmet.com/（这里透露一个消息：我是该报告的咨询委员会
成员）。对该报告的批评，请参阅：Katherine S. Mangan，"175 Philosophy
Professors Blast Ranking of Graduate Programs," *Chronicle of Higher
Education*，January 18，2002，http://chronicle. com/article/175-Philosophy-

Professors/34484/。

⑤ 纽约州立大学研究生中心的沙启善（Hagop Sarkissian）、杜克大学的黄百锐（David Wong）、加州大学伯克利分校的信广来（Kwong-loi Shun）、加州大学河滨分校的埃里克·施维茨格贝尔、康涅狄格大学的阿列克谢·麦克里奥德（Alex McLeod）、密歇根大学的苏雅·奥兹贝（Sonya Ozbey）。前50所大学哲学系中还另有两位允许其他院系的学生跨学科选修哲学课程（院系通常不情愿提供交叉课程，且受到很大压力。而另一个系开设的交叉课程并不能保证对该课题感兴趣的哲学系学生能获得支持和鼓励）：乔治城大学的柯爱莲和布鲁明顿印第安纳大学的亚伦·斯托内克（Aaron Stalnaker）。在加拿大，森舸澜（Edward Slingerland）教授在不列颠哥伦比亚大学的哲学系讲课。

⑥ 夏威夷大学方岚生（Franklin Perkins）、俄克拉荷马大学艾米·奥伯丁（Amy Olberding）和犹他大学埃里克·胡顿（Eric Hutton）。欧洲哲学系也好不了多少。请参阅：Carine Defoort，"'Chinese Philosophy' at European Universities：A Threefold Utopia," *Philosophy East and West* (forthcoming). See also Defoort，"Is There Such a Thing as Chinese Philosophy? Arguments of an Implicit Debate," *Philosophy East and West* 51，no. 3 (2001)：393 – 413。

⑦ 讲授印度哲学的大学教授有纽约州立大学研究生中心的格雷厄姆·普里斯特（Graham Priest）、纽约州立大学的尼克·伯马里特（Nic Bommarito）、得克萨斯大学奥斯汀分校的斯蒂芬·菲利普斯（Stephen Philips）、新墨西哥大学的约翰·巴斯尼奇（John Bussanich）和约翰·塔伯（John Taber）、宾汉姆顿大学的查尔斯·古德曼（Charles Goodman）和夏威夷大学阿林旦姆·查卡拉巴提（Arindam Chakrabarti）等。在哈佛大学，帕里密尔·帕迪尔（Parimil Patil）开设了一门跨学科的印度哲学课程。"较不普遍讲授的哲学（LCTP）"一词模仿"较不普遍讲授的语言（LCTL）"而成，这是一种非常方便的表达方式，用于指种美国大多数中学和大学讲授的"主流"语言之外的五花八门的各种语言。

⑧ 密歇根州立大学凯尔·波伊斯·怀特（Kyle Powys Whyte）和俄勒冈大学司各特·普拉特（Scott L. Pratt）。

⑨ 拥有非洲哲学（包括非洲和非洲裔美国哲学在内）专家的顶尖哲学博士点包括宾汉姆顿大学、哥伦比亚大学、纽约州立大学研究生中心、埃默里大学、哈佛大学、密歇根大学、纽约大学、普渡大学、罗格斯大学、宾夕法尼亚州立大学、纽约州立大学石溪分校、康涅狄格大学、得克萨斯理工学院和范德比尔特大学。

⑩ Richard D. McKirahan and Patricia Curd，trans.，*A Presocratics Reader: Selected Fragments and Testimonia*，2nd ed. (Indianapolis：Hackett，2011)，58，no. 6 (B6)。虽然我在这里说巴门尼德的笑话，但不可否认他是伟大的思想家。有关讨论，请参阅：Vishwa Adluri，*Parmenides，Plato，and Mortal Philosophy* (New York：Bloomsbury Academic，2012)。

⑪ 请参阅：Bertrand Russell，"Descriptions" (from *Introduction to Mathematical*

Philosophy），in *Classics of Analytic Philosophy*，ed. Robert R. Ammerman
(Indianapolis：Hackett，1990)，15 - 24；and Peter F. Strawson，"On
Referring，"Ammerman，*Classics of Analytic Philosophy*，315 - 334. 专门论述
这个辩论的书，请参阅：Stephen Neale，*Descriptions* (Cambridge：MIT Press，
1990)。

⑫ Javier C. Hernández，"China's Tech-Savvy，Burned-Out and Spiritually Adrift，
Turn to Buddhism，"*New York Times*，September 7，2016，http://nyti. ms/
2bTGFPG；Ian Johnson，"The Rise of the Tao，"*New York Times*，November
5，2010，http://nyti.ms/1ABiTcq. On President Xi's interest in Confucianism，
see chapter 3.

⑬ Daniel Bell，*The China Model: Political Meritocracy and the Limits of
Democracy* (Princeton：Princeton University Press，2015)(该书的中文版《贤能
政治：为什么尚贤制比选举民主制更适合中国》，吴万伟译，中信出版集团，2016
年)；Joseph Chan，*Confucian Perfectionism: A Political Philosophy for
Modern Times* (Princeton：Princeton University Press，2013)(陈祖为：《儒家完
善论：现代政治哲学》)；Jiang Qing，*A Confucian Constitutional Order: How
China's Ancient Past Can Shape Its Political Future*，ed. Daniel Bell and
Ruiping Fan，trans. Edmund Ryden (Princeton：Princeton University Press，
2012)。[蒋庆：《儒家宪政秩序：中国古代如何塑造其政治未来》，贝淡宁和范瑞
平编辑，埃德蒙・赖登(Edmund Ryden)英译。]

⑭ 我会在第五章讨论哲学的独特性。

⑮ Lee H. Yearley，*Mencius and Aquinas: Theories of Virtue and Conceptions of
Courage* (Albany：State University of New York Press，1990). (中文版请参阅
《孟子与阿奎那(美德理论与勇敢概念)》，施忠连译，中国社会科学出版社，
2011 年。)

⑯ 从儒家角度发展德性伦理学的书籍包括：May Sim，*Remastering Morals with
Confucius and Aristotle* (New York：Cambridge University Press，2007)(梅・西
姆：《重塑道德：以亚里士多德和孔子为借镜》)；Bryan W. Van Norden，*Virtue
Ethics and Consequentialism in Early Chinese Philosophy* (New York：
Cambridge University Press，2007)(万百安：《德性伦理学与中国早期哲学中的
结果论》)；Jiyuan Yu，*The Ethics of Confucius and Aristotle: Mirrors of Virtue*
(New York：Routledge，2007)(余纪元：《德性之镜：孔子与亚里士多德的伦理
学》)；and Stephen Angle，*Sagehood: The Contemporary Significance of Neo-
Confucian Philosophy* (New York：Oxford University Press，2012). (安靖如：
《圣境：宋明理学的当代意义》，吴万伟译，中国社会科学出版社，2017 年。)

⑰ Erin Cline，*Confucius，Rawls，and the Sense of Justice* (New York：Fordham
University Press，2013). 还可参阅我写的书评：*Notre Dame Philosophical*

Reviews, review no. 38 of July 2013, http://ndpr. nd. edu/news/41386-confucius-rawls-and-the-sense-of-justice/。

⑱ Erin Cline, *Families of Virtue: Confucian and Western Views on Childhood Development* (New York: Columbia University Press, 2015).

⑲ Eric Schwitzgebel, "Human Nature and Moral Development in Mencius, Xunzi, Hobbes, and Rousseau," *History of Philosophy Quarterly* 24 (2007): 147 - 168. See also Schwitzgebel, "Zhuangzi's Attitude Toward Language and His Skepticism," in *Essays on Skepticism, Relativism, and Ethics in the "Zhuangzi,"* ed. Paul Kjellberg and Philip J. Ivanhoe (Albany: State University of New York Press, 1996), 68 - 96.

⑳ Aaron Stalnaker, *Overcoming Our Evil: Human Nature and Spiritual Exercises in Xunzi and Augustine* (Washington: Georgetown University Press, 2009).

㉑ David Wong, *Natural Moralities: A Defense of Pluralistic Relativism* (New York: Oxford University Press, 2006); and Owen Flanagan, *The Geography of Morals: Varieties of Moral Possibility* (New York: Oxford University Press, 2016).

㉒ Martha Nussbaum, "Golden Rule Arguments: A Missing Thought," in *The Moral Circle and the Self*, ed. Chong Kim-chong and Tan Sor-hoon (LaSalle, IL: Open Court, 2003); Nussbaum, "Comparing Virtues," *Journal of Religious Ethics* 21, no. 2 (1993): 345 - 367; Alasdair MacIntyre, "Incommensurability, Truth, and the Conversation Between Confucians and Aristotelians About the Virtues," in *Culture and Modernity*, ed. Eliot Deutsch (Honolulu: University of Hawaii Press, 1991), 104 - 122; MacIntyre, "Once More on Confucian and Aristotelian Conceptions of the Virtues," in *Chinese Philosophy in an Era of Globalization*, ed. Robin R. Wang (Albany: State University of New York Press, 2004), 151 - 162.

㉓ 请参阅：Yasuo Deguchi, Jay L. Garfield, and Graham Priest, "The Way of the Dialetheist: Contradictions in Buddhism," *Philosophy East and West* 58, no. 3 (July 2008): 395 - 402, 以及专门论述该著作的特刊《东西方哲学》第 63 卷第 3 期(2013 年 7 月)。也可参阅：Graham Priest, *One: Being an Investigation Into the Unity of Reality and Its Parts, Including the Singular Object Which Is Nothingness* (New York: Oxford University Press, 2014), 167 - 235; and my review in *Dao* 15 (2016): 307 - 310。

㉔ 演讲稿请参阅：A. C. Graham, *Disputers of the Tao* (La Salle, IL: Open Court, 1989), 150 - 155. 何莫邪对中国古代语言哲学或许给出了最明确的综述。请参阅：Christoph Harbsemeier, *Language and Logic*, vol. 7, pt. 1, in

Science and Civilisation in China，ed. Joseph Needham（New York：Cambridge University Press，1998）。

㉕ Myisha Cherry and Eric Schwitzgebel，"Like the Oscars，♯PhilosophySoWhite，" *Los Angeles Times*，March 4，2016，www. latimes. com/opinion/op-ed/la-oe-0306-schwitzgebel-cherry-philosophy-so-white-20160306-story. html.

㉖ Bryan W. Van Norden，"Three Questions About the Crisis in Chinese Philosophy，" *APA Newsletter on the Status of Asian and Asian-American Philosophers and Philosophies* 8，no. 1（Fall 2008）：3 - 6，https://c. ymcdn. com/sites/www. apaonline. org/resource/collection/2EAF6689 - 4B0D - 4CCB - 9DC6 - FB926D8FF530/v08n1Asian. pdf.

㉗ Jay Garfield and Bryan Van Norden，"If Philosophy Won't Diversify，Let's Call It What It Really Is，" *The Stone*，blog，*New York Times*，May 11，2016，www. nytimes. com/2016/05/11/opinion/if-philosophy-wont-diversify-lets-call-it-what-it-really-is. html.

㉘ "What's Your Take on the Recent NYTimes Article Advocating Diversification in Philosophy Departments in the West?，" www. reddit. com/r/askphilosophy/comments/4j0un6/whats_your_take_on_the_recent_nytimes_article/. An especially insightful online response to critics of our piece is Amy Olberding，"When Someone Suggests Expanding the Canon，" http://dailynous. com/2016/05/13/when-someone-suggests-expanding-the-canon/. Other interesting online discussions（pro and con）include Brian Leiter，"Anglophone Departments Aren't 'Departments of European and American Philosophy，'" *Leiter Reports: A Philosophy Blog*，May 11，2016，http://leiterreports. typepad. com/blog/2016/05/anglophone-departments-arent-departments-of-european-and-american-philosophy. html；John Drabinski，"Diversity，'Neutrality，' Philosophy，" http://jdrabinski. com/2016/05/11/diversity-neutrality-philosophy/；Meena Krishnamurthy，"Decolonizing Analytic Political Philosophy，" *Philosopher*，blog June 3，2016，https://politicalphilosopher. net/2016/06/03/meenakrishnamurthy/；and Justin Smith，"Garfield and Van Norden on Non-European Philosophy，" www. jehsmith. com/1/2016/05/garfield-and-van-norden-on-non-european-philosophy-. html.

㉙ Patricia McGuire，comment on Jay Garfield and Bryan Van Norden，"If Philosophy Won't Diversify，Let's Call It What It Really Is，" *New York Times*，www. nytimes. com/2016/05/11/opinion/if-philosophy-wont-diversify-lets-call-it-what-it-really-is. html♯permid=18491745.

㉚ Shawn（没有姓），comment on Jay Garfield and Bryan Van Norden，"If Philosophy Won't Diversify，" *New York Times*，www. nytimes. com/2016/05/11/opinion/if-philosophy-wont-diversify-lets-call-it-what-it-really-is. html ♯

permid＝18491934.

㉛ Josh Hill，comment on Jay Garfield and Bryan Van Norden，"If Philosophy Won't Diversify," *New York Times*，www.nytimes.com/2016/05/11/opinion/if-philosophy-wont-diversify-lets-call-it-what-it-really-is.html♯permid＝18495750.

㉜ Anthony Kennedy，Majority Opinion in *Obergefell v. Hodges* 576 U.S. 3 （2015）.

㉝ Antonin Scalia，Dissenting Opinion in *Obergefell v. Hodges* 576 U.S. 8n22 （2015）.

㉞ Scalia，Dissenting Opinion，9. For a discussion of Kennedy's invocation of Confucius，Scalia's dissent，and Chinese reactions，see Bryan W. Van Norden，"Confucius on Gay Marriage," *Diplomat*，July 13，2015，http://thediplomat.com/2015/07/confucius-on-gay-marriage/.

㉟ "The East Pediment：Information Sheet," www. supremecourt. gov/about/eastpediment.pdf.

㊱ Massimo Pigliucci，"On the Psuedo-Profundity of Some Eastern Philosophy," *Rationally Speaking*，May 23，2006，http://rationallyspeaking. blogspot. com/2006/05/on-pseudo-profundity-of-some-eastern.html.

㊲ Philip J. Ivanhoe and Bryan W. Van Norden，eds.，*Readings in Classical Chinese Philosophy*，2nd ed. (Indianapolis：Hackett，2005)，65 - 66.

㊳ Ibid.，145.

㊴ Ibid.，*223*.

㊵ Ibid.，327 - 332，339 - 351.

㊶ Justin Tiwald and Bryan W. Van Norden，*Readings in Later Chinese Philosophy: Han Dynasty to the 20th Century* (Indianapolis：Hackett，2014)，101.

㊷ Ibid.，80 - 86. Discussed in chapter 2.

㊸ Ibid.，266 - 68. Discussed in chapter 2.

㊹ Ibid.，321 - 327.

㊺ Ibid.，375 - 385.

㊻ Ibid.，370 - 375.

㊼ 有关《维摩诘经》的相关内容，请参阅王蓉蓉编《中国思想和文化中的女性形象：从先秦到宋朝》：Robin R. Wang，ed.，*Images of Women in Chinese Thought and Culture: Writings from the Pre-Qin Period Through the Song Dynasty* (Indianapolis：Hackett，2003)，272 - 77；关于李贽和李大钊的观点，请参阅：Tiwald and Van Norden，*Readings in Later Chinese Philosophy*，300 - 304 and 359 - 361，respectively。

㊽ John Maynard Keynes，*Two Memoirs* (London：Kelly Hart-Davis，1949)，243 -

244. 这段话是莎拉·马蒂斯(Sarah Mattice)提醒我的。

㊾ D. Kyle Peone，"Yes—Let's Call Philosophy What It Really Is，"*Weekly Standard*，May 19，2016，www.weeklystandard.com/yes-lets-call-philosophy-what-it-really-is/article/2002458.

㊿ Nicholas Tampio，"Not All Things Wise and Good Are Philosophy，"*Aeon*，https://aeon.co/ideas/not-all-things-wise-and-good-are-philosophy. 杰伊·加菲尔德在本书前言中详细剖析了坦皮奥的文章。

51 Christopher Cullen，*Astronomy and Mathematics in Ancient China: The Zhou Bi Suan Jing*（New York：Cambridge University Press，1996）.

52 Peter K. J. Park，*Africa，Asia，and the History of Philosophy: Racism in the Formation of the Philosophical Canon，1780–1830*（Albany：State University of New York Press，2013），76.

53 即便作为历史事实,希腊哲学是在完全与印度和非洲哲学无关的情况下发展起来的,但这也不能证明后者就不是哲学。从帕克的文章中可了解到的重点是："所有哲学都源于希腊"并非事实。

54 David E. Mungello，*The Great Encounter of China and the West，1500–1800*，3rd ed.（New York：Rowman and Littlefield，2009），100–104.

55 Leibniz，Introduction to *Novissima Sinica*（1697），cited in Franklin Perkins，*Leibniz and China: A Commerce of Light*（Cambridge：Cambridge University Press，2007），146.

56 有关讨论,请参阅：Robert Louden，"'What Does Heaven Say?' Christian Wolff and Western Interpretations of Confucian Ethics，"in *Confucius and the "Analects": New Essays*，ed. Bryan W. Van Norden（New York：Oxford University Press，2002），73–93；and Donald F. Lach，"The Sinophilism of Christian Wolff（1679–1754），"*Journal of the History of Ideas* 14，no. 4（October 1953）：561–574。

57 Mungello，*The Great Encounter of China and the West*，128.

58 Derk Bodde，"Chinese Ideas in the West，"unpublished essay prepared for the Committee on Asiatic Studies in American Education（March 9，1948），http://afe.easia.columbia.edu/chinawh/web/s10/ideas.pdf.（感谢齐思敏教授提醒我魁奈对中国的研究兴趣。）有关圣王舜的故事,请参阅《论语》卫灵公第十五章第五节。

59 罗纳德·里根总统在1988年的《国情咨文》中引用《道德经》60节的档案,请参阅：The American Presidency Project，www.presidency.ucsb.edu/ws/index.php?pid=36035。

60 Park，*Africa，Asia，and the History of Philosophy*，69–95.

61 Edward Said，*Orientalism*（New York：Vintage，1994），73–92.

㉒ Kant AA xxv.2 1187 – 1188, cited in Mark Larrimore, "Sublime Waste: Kant on the Destiny of the 'Races,'" *Canadian Journal of Philosophy*, supplemental volume 25 (1999): 111 – 112. 我是从彼得·帕克精彩的人类学讲座中了解到康德有关种族问题的讨论的。请参阅：Peter K. J. Park, "Kant's Colonial Knowledge and His Greek Turn," American Philosophical Association, Baltimore, MD, January 6, 2017。

㉓ Immanuel Kant, *Observations on the Feeling of the Beautiful and the Sublime*, ed. Patrick Frierson and Paul Guyer (New York: Cambridge University Press, 2011), 61.如果你真想感受震惊,请参阅休谟的文章中康德赞赏性地引用的话语,请参阅该书第 58 章第 82 个注释。

㉔ Kant AA xxv.2 843, cited in Larrimore, "Sublime Waste," 111.

㉕ Immanuel Kant, *Physical Geography*, translated in Ching, "Chinese Ethics and Kant," 169. 我们所有对康德的中国观点感兴趣的人都要深深地感谢下面这本书：Helmuth von Glasenapp, ed., *Kant und die Religionen des Ostens*, *Beihefte zum Jahrbuch der Albertus-Universität Königsberg/Pr.* 5 (Kitzingen-Main: Holzner, 1954)。

㉖ Immanuel Kant, *Physical Geography*, cited in Gregory M. Reihman, "Categorically Denied: Kant's Criticism of Chinese Philosophy," *Journal of Chinese Philosophy* 11, no. 1 (March 2006): 63n22.

㉗ David E. Mungello, *Drowning Girls in China: Female Infanticide Since 1650* (New York: Rowman and Littlefield, 2008), 3.

㉘ Ibid., 3.

㉙ Mungello, *The Great Encounter of China and the West*, 134 – 139. 有关更详细的讨论,请参阅：Mungello, *Drowning Girls in China*, 14 – 62。基督教传教士和中国基督徒参与救助弃婴的慈善活动,请参阅该书的第 99—115 页。

㉚ G. W. F. Hegel, *Lectures on the History of Philosophy: Greek Philosophy to Plato*, trans. E. S. Haldane (Lincoln: University of Nebraska Press, 1995), 121. 维什瓦·阿杜里和乔伊迪普·巴格奇在其精彩的著作《非科学：德国印度学史》中指出,黑格尔是主张将印度哲学从哲学经典中驱逐出去,将其仅仅留在语言学和社会历史中的先驱者,请参阅：Vishwa Adluri and Joydeep Bagchee, *The Nay Science: A History of German Indology* (New York: Oxford University Press, 2014)。

㉛ G. W. F. Hegel, *Lectures on the Philosophy of History*, trans. Ruben Alvarado (Aalten, Netherlands: WordBridge, 2011), 124.

㉜ Alston Hurd Chase, *Time Remembered* (San Antonio: Parker, 1994), 2.1, www.pa59ers.com/library/Chase/time2 – 1n2.html.

㉝ Herbert Fingarette, *Confucius — the Secular as Sacred* (New York: Harper,

1972），vii.（中文版，请参阅赫伯特·芬格莱特：《孔子：即凡而圣》，彭国祥、张华译，江苏人民出版社，2002 年）。

⑭ Martin Heidegger, *What Is Philosophy?* Trans. William Kluback and Jean T. Wilde (New York：Twayne，1958)，29 - 31，cited in Park，*Africa，Asia，and the History of Philosophy*，4. 海德格尔对亚洲哲学的看法在其职业生涯中一直在变化。他曾经与他人合作翻译《道德经》，他认为《道德经》的观点与自己的哲学观点相似。然而，他对哲学的最终观点是种族中心主义的。请参阅：Taylor Carman and Bryan W. Van Norden，"Being-in-the-Way：A Review of *Heidegger and Asian Thought*，" *Sino-Platonic Papers* 70 (February 1996)：24 - 34。

⑮ 杜小真、张宁译：《德里达中国讲演录》，中央编译出版社，2002 年，第 139 页。引自戴卡琳和葛兆光《当代中国思想》第 37 卷第 1 期（2005 年秋季）"编者简介"：第 3 页和第 9 页第 14 个注释。

⑯ Eugene Park，"Why I Left Academia：Philosophy's Homogeneity Needs Rethinking，" November 3，2014，www.huffingtonpost.com/hippo-reads/why-i-left-academia_b_5735320.html.

⑰ Said，*Orientalism*，40.

⑱ Ibid.，38.

⑲ Eric Schwitzgebel，"Why Don't We Know Our Chinese Philosophy?，" *APA Newsletter on the Status of Asian and Asian-American Philosophers and Philosophies* 1，no. 1 (2001)：27.

⑳ Joel J. Kupperman，*Classic Asian Philosophy: A Guide to the Essential Texts* (New York：Oxford University Press，2001)，58.

㉑ 如果你的确要阅读《论语》和《道德经》，我向你推荐一些译本。就《论语》而言，我推荐森舸澜的《论语》译本，请参阅：Edward Slingerland，*Analects: With Selections from Traditional Commentaries* (Indianapolis：Hackett，2003)。至于《道德经》（又叫《道经》和《德经》，由老子编著），我强烈推荐你先认真阅读理查德·约翰·林恩翻译的《道德经：解读老子〈道德经〉新译》中王弼（226—249）编写的《老子注》全本，请参阅：Richard John Lynne，trans.，*The Classic of the Way and Virtue: A New Translation of the "Tao-te Ching" of Laozi as Interpreted by Wang Bi* (New York：Columbia University Press，2004)。这读完之后再阅读《道德经》。我在个人网站 http://bryanvannorden.com 上开列的"较不普遍讲授的哲学读本"参考书目清单也列举了有助于理解《论语》与《道德经》的集注本。《易经》中实际上只有少数段落在哲学比较重要。读者只需阅读我与蒂瓦尔德合编的《中国后期哲学读本》即可。请参阅：Tiwald and Van Norden，*Readings in Later Chinese Philosophy*，42 - 54。

㉒ Schwitzgebel，"Why Don't We Know Our Chinese Philosophy?"，26.

㉓ 关于《论语》《道德经》《墨子》《孟子》《庄子》《荀子》和《韩非子》中的节选，请参阅

我与艾文贺编著的《中国经典哲学读本》。关于慎到，请参阅：Eirik L. Harris, *The Shenzi Fragments: A Philosophical Analysis and Translation* (New York: Columbia University Press, 2016)。

(84) 关于节选，请参阅我与蒂瓦尔德合编的《中国后期哲学读本》。在第二章中，我更具体地讨论若干儒家、佛家以及宋明理学哲学家的哲学兴趣。

(85) Justin E. H. Smith, *The Philosopher: A History in Six Types* (Princeton: Princeton University Press, 2016), 2.

(86) Ibid., 9.

(87) 2016 年 6 月 4 日我与亚洲哲学与比较哲学学会(SACP)主席王蓉蓉的私人交流。

(88) 参见 www.mapforthegap.com/about.html。

(89) Leiter, "Anglophone Departments Aren't 'Departments of European and American Philosophy.'"

(90) 奥古斯丁《上帝之城》第五册，第八章将这个引语归功于公元前 4 年至公元 65 年的塞涅卡，但塞涅卡(第 108 封信)引用的是公元前 300 年的克理安德斯(Cleanthes)的一首诗。

第二章

对话中的传统

第二章

对话中的传统

我是人,我决不自异于人类。

——古罗马喜剧作家泰伦提乌斯(Terence)

四海之内,皆兄弟也。

——子贡[1]

在前一章中,我呼吁更大的包容性,对主流英美经典之外的哲学持更开放的态度。我没有提及某些文章和思想家的名字,也没有提到可以为更广泛的对话作出实质性贡献的一些问题。但是,要求提供更详细的例子来说明是非常合理的。为此,本章提供了一些具体的例证,说明不同的思想传统如何进行对话。某些读者可能会失望地发现本章的比较仅限于某些亚洲和欧洲哲学家。这是没办法的事,毕竟我只能负责地讨论自己擅长的领域。倡导讲授"较不普遍讲授的哲学"并不是建议人人都应该擅长讲授所有哲学,这是不切实际的。此外,本章的讨论不会像纯粹的学术著作所要求的那般深入。尽管如此,本章有选择性的、粗略的讨论也足以说明传统之间的有效对话存在多么大的讨论空间。

作为一个群体，哲学家以在任何事情上都争吵不休而闻名，但他们都同意现代西方哲学始于勒内·笛卡尔；还有一个共识是现代西方政治哲学始于托马斯·霍布斯（Thomas Hobbes，1588—1679）。②两人的观点大相径庭。③霍布斯认为："宇宙，即所有事物的大合集，是有形的，也就是说有实体。"④与之相反，笛卡尔认为除了物质外，宇宙还包括无形和不朽的灵魂。然而，笛卡尔和霍布斯都认同一个基本主张：宇宙由不同个体组成。虽然有些持不同意见的哲学家（最著名的是巴门尼德、斯宾诺莎和黑格尔），但个体主义的形而上学在西方哲学中属于正统观念。⑤这种信仰的发展有各种方式，但它在英美-欧洲哲学中占据如此重要的地位，渐渐地人们都觉得无需特别说明。问题不在于我们是否是独立的个体，而在于我们从根本上如何不同以及这些不同意味着什么。然而，如果我们假设个体都是独立的，它就会在形而上学（我们对物质存在的最根本类型及它们之间如何关联的解释）、政治哲学（我们对人类社会应该如何组织起来以及为什么要组织起来的概念认识）和伦理学（我们有关人的最佳生活方式的观点）上产生一系列问题。我们会看到佛教、儒家和宋明理学家们在这些话题上的不同见解，这些毫无疑问值得我们去认真探讨。

形而上学

笛卡尔在他的主要哲学著作——《第一哲学沉思集》（*Meditations on First Philosophy*）中认为，宇宙中有两种不同的实体：能思想的物质（灵魂）和占据空间的物质（实物）。⑥他使用"substance"（实体）有可能误导我们。当我们谈论"实体"时,我们通常会谈论缺乏个体身份的东西(特别是恶心的东西):"什么东西黏在我的鞋底?"对于笛卡尔而言,"实体"是他从亚里士多德那儿传承的哲学专业术语。亚里士多德将实体定义为具有自己特征、同时这种特征不是其他物体的特征的一种东西。⑦例如,红色不是物质,因为它是其他物体如消防栓的特性。但消防栓并不是其他物体的特性,所以它是物质。有一种论点认为,宇宙可以被划分成为各种质量和拥有这些质量的物体,这听起来简单且准确。然而,正如亚里士多德本人逐渐认识到的那样,一旦我们更仔细地思考它所代表的含义,这个看似直截了当的描述会产生诸多问题。⑧让我们再回到笛卡尔的观点中来看看是怎么回事。

为了解释什么是实物(占据空间的物质),笛卡尔让我们想象一下刚从蜂窝中拿出来的一块蜂蜡及其感官品质。它具有蜂蜜的味道,带着一种花香,触摸起来感到坚硬冰凉。然而,如果你将它融化,融化后的蜂蜡会失去原有的味道和芳香,形状也发生改变,摸起来温热和柔软了。接着,笛卡尔询问读者:"这还是之前的蜂蜡吗?我们必须承认是:没有人会否认;没人会认为它是别的东西。那么,蜂蜡里是什么东西让人有完全不同的理解?当然不会是我们通过感官所能感受到的东西。因为任何通过味觉、嗅觉、视觉、触觉或听觉感受到的东西都已经改变,但蜂蜡依然存在。"⑨

万变不离其宗的东西就是实体。但这种实体是什么?你不能用像热、冷、硬或软这些特征来形容它。实体是拥有这些特征的东西,且不会因其特征的变化而发生改变。这让亚里士多德曾经认定必然存在着一种他称之为"元物质"的东西,一种带有特征的基质。⑩一种似乎缺乏连贯性的物体概念,虽有身份却无特征。

笛卡尔将我们对物质的认识比作在严冬时节站在窗前观看裹紧衣

服的人过马路："我看到帽子和衣服之下有什么？可能是个机器人也说不定？但我断定他们是人。"⑪同样，"当我将蜂蜡与其外部形状区分开来，就好像脱掉它的衣服，果真如此，我就看到了赤裸的蜂蜡"。⑫（因为这些明喻和隐喻，西方哲学变得如此奇特！）当然，问题是我们看见过不穿衣服也不戴帽子的人，我们知道他们是什么样子。但是，我们没有看见过没有外部形状的蜂蜡。笛卡尔也承认，"我们不是通过视觉、触觉或想象"来认识蜂蜡的本质。⑬

笛卡尔讨论了占据空间的物质，作为去理解会思考的物质是什么的第一步。但是，他对灵魂的描述继承了他在描述物质实体时所出现的所有问题。灵魂进行心理活动比如思考、感知和期望。但是，这些行为都无法说明灵魂是什么。灵魂是进行思考、感知和期望的根本。即便我们思考同样的事情，你的灵魂应该和我的不一样。如果灵魂的行为不能说明灵魂的本质，那么将一个灵魂与其他灵魂区别开来的东西是什么呢？

个人身份的困惑问题在 1991 年的电影《关于亨利》（*Regarding Henry*）中得到了诠释。电影里面哈里森·福特（Harrison Ford）扮演律师亨利，在一个便利店抢劫案中，他头部中枪。手术之后，亨利失忆了，不记得他的妻子、孩子和公司的同事。脑部受伤之前，他是异常聪明却心肠冷酷的律师，但事故之后，他的智商似乎沦为常人水平，不过善良而友好。脑部手术前后的他还是同一个人吗？根据笛卡尔的理论，答案是确定无疑的：他体内还是同一个灵魂，故而他还是同一个人。但是，这个答案似乎不能令人满意，因为他的灵魂所具备的所有特征已经让以前的亨利变成了另一个人。之所以说仍然是同一个亨利，那或许是因为他的身体没有改变。但是，亨利的身体事实上与之前并不一样，他的脑袋（脑袋可能是我们最频繁地与身份认同联系起来的生理器官)遭到巨大创伤。所以,我们或许应该说亨利一号(事故之前)与亨利二号(事故之后)是不同的人?我们的身体(以及我们的精神状态)一直都处在变化之中。我刚出生时的大脑和想法和现在的存在巨大差别,所以我不是同一个人吗?或者只要是脑部或心智发生了突然而显著的变化就会让我们变成全新的人?要被认定为新人,这个变化到底需要多么显著?如果我们觉得这些问题很令人困扰,那可能是因为从一开始,我们的假设就是错的:有一种恒定不变的自我贯穿性质变化的始终。⑭

笛卡尔唯一真正的论证是,一定存在着不同于其所有特征的个别物质,这些特征"没有人否认;也没有人认为是别的东西"。⑮其实有些人否认了它。佛教传统认为有五种存在状态:色蕴(物理状态:硬或软,热或冷等)、受蕴[感觉:身体或精神上的体验,苦乐舍(不苦不乐)]、想蕴(知觉:人所感觉到的概念识别)、行蕴(意志:如欲望、意志和选择)以及识蕴(心王),佛教徒将这些称为"五蕴"。一个具体的例子将说明它们是什么:假设我面前有一盘新鲜出炉的巧克力饼干,我眼睛中的视觉器官感受到饼干光泽的刺激,而因饼干的热量而释放出的分子则刺激了我鼻子中的嗅觉器官。由于这些色蕴,我获得了视觉上的受蕴,即看到金棕色圈环和白底色上的深褐色斑点,还有面团、红糖和适量香草经烘焙后散发出的香味。这些受蕴之后是想蕴:我正在感知的是巧克力饼干。这时,我开始有行蕴——想吃饼干的愿望,所有这些,就是现在,要一次吃完。然而,我也有了识蕴,让我认识到并批判性地思考自己的精神状态。我可以提醒自己吃几块饼干就很好,如果一次吃完所有饼干,我会觉得太甜,从而重新作出选择,还是适度进食为好(就饼干案例而言,最后一步从不会发生在我身上,但你可以有这种想法)。

当然，这个简单的例子不足以解释复杂的"五蕴"概念。正如杰伊·加菲尔德指出的那样，佛教对"识蕴"的描述并不能与西方心智哲学完全吻合（即使它们的辩论同样精妙）。[16]重要的是要意识到，佛教形而上学将世界看作由瞬间状态和特征而构成，这些状态与特征依赖于其他状态和特征。它反对形而上学物质或元物质的概念，因为它根本没解释什么。这种状态本体论而非物质本体论对我们如何看待自我有很大的意义。

公元前 2 世纪，在如今的巴基斯坦所在地，佛僧那先比丘参加了由弥兰国王举办的皇家拜会。当弥兰问他的名字时，他回答说他被称为"那先比丘"，但"这个'那先比丘'只是一个名称、标签、概念、表达，只是一个名字，因为没有这样的人存在"。[17]弥兰和那先比丘开始就"无人"（no person）的意思进行了热烈的哲学辩论。（在同一时期，笛卡尔和我在欧洲的祖先还是用木棍打斗的目不识丁的野蛮人）就自我应该是什么，他们提出三点建议：自我与五蕴之一等同吗？ 自我与五蕴的所有内容等同吗？ 自我是否与五蕴的所有内容都不相同？ 那先比丘和弥兰显然都熟悉之前的佛教反对自我现实的论据，所以他们很快对这三个问题的否定答案达成一致：① 自我不能等同于个人的"指甲、牙齿、皮肤、肉、筋骨、骨头、骨髓、肾脏、心脏、肝脏……大脑、胆汁、痰、脓、血、汗水"或任何物体。正如佛陀自己解释的那样，任何物质实体（色蕴）都不能貌似合理地等同于自我，因为物质实体没有体验：朋友，如果你都没有感觉了，难道还有"我在"的思想吗？[18]换句话说，将自我等同于任何物质实体（色蕴）违背了我们的直觉即自我拥有意识。五蕴的其他部分似乎是自我的更好选择，因为它们都以某种方式涉及意识。但是，假设我们将自我等同于愉快的感觉（受蕴）。佛陀解释了为什么这也不能令人满意："所以任何感觉愉悦的人都认为'这是自我'，而当这种愉快的感觉停止时，便会认为'自我已经消失！'"这违反了我们的另一直觉即自我是可以持续存在的东西。这同样适用于受蕴的其他类型和五蕴的其他任何实例。② 那么，将自我等同于五蕴的所有内容的集合体的可能性如何？思考一下之后就会发现这也不能奏效。由于五蕴的每个方面都处于独自变化中，它们的集合也处在变化中，所以不能构成永久的自我："就像山中的一条河，流程远，流速快，带走一切东西；它无时无刻地不在流淌着，永不停息。所以……人的生命就像山中的一条河。世界不断变动，变化无常。"⑲这与希腊哲学家赫拉克利特的一句名言非常相似，他说"一切事物都在流逝，没有东西能停留"。并把现存的东西比作流动的河，他说人不能两次走进同一条河流。⑳（当然，有些人似乎认为当赫拉克利特说这些时，他谈的是哲学，但当佛教徒说同样的话时，他们谈的不是哲学。）㉑ 那么，自我与五蕴有所不同吗？这可能是笛卡尔的观点。弥兰国王在他们的另一段对话中问了那先比丘一个相似的问题：

> 那先比丘，有没有"体验"这种东西？
> "体验"是什么意思，先生？
> 体内的灵魂通过眼睛看到外形，通过耳朵听到声音，通过鼻子闻到气味，通过舌头品尝味道，通过身体去接触，并通过心智来辨别精神状态。正如此刻坐在宫殿里的我们一样，可以想从哪个窗户望出去就从哪个窗户望出去，甚至于想从哪个门望出去就从哪个门望出去。㉒

那先比丘认为，如何理解"望出去"这个动作发生时灵魂与肉体的关系，这点还不清楚。例如，假如灵魂能看得见，为什么还需要眼睛呢？

为什么灵魂非要通过眼睛而不是自己看，这样不是更好吗？当然，灵魂的确通过眼睛去看，没有了眼睛它也无法更好地看。但那时，那先比丘建议采取更简单的选择，他说："阁下，因为眼睛及眼睛收到的成像，同样还有耳朵及耳朵听到的声音、鼻子及鼻子闻到的气味、舌头及舌头品尝的味道、身体及身体感受的接触以及大脑与大脑感受的精神状态，这些都是在一个条件下产生的，这里没有体验者。"[22]换言之，对每一种识蕴来说，感受都各不同，它们只是大脑中意识/思考的物体（如颜色）和感官（如眼睛）之间的互动而产生的。提及这种互动之外的神秘"体验者"对于这个问题的解释毫无帮助。

反对自我的形而上学论证似乎无可争辩，但是，弥兰国王所关心的是看上去有问题的伦理内涵。如果没有自我，那些善行和恶行是谁做的？谁无知谁开明？正如弥兰国王所说，无自我的学说似乎导致道德虚无主义："那先比丘，如果有人杀了你，他也没有犯谋杀罪。"[23]看上去没有凶手的自我，也没有受害者的自我，因而也就没有凶杀。

那先比丘用战车作为比喻来回答。他问国王，"你是步行来的还是坐车来的？"[24]国王回答说他坐战车来的。那先比丘将运用于自己身上的反本体论论证应用于战车比喻中。战车可以跟它的车轮等同吗？显然不是，因为你可以维修车轮，战车还是那个战车。战车可以跟它的车轴等同吗？不是，因为即使车轴被完全换掉，车还是原来的车。毂、辐、辋、辕、轭、舆、盖全都不是战车，原因同上。那先比丘笑着告诉国王，当他说他坐战车过来时显然没有说实话，因为没有一样可以说是战车："你是整个印度的统治者，一位强大的君主。你撒谎是害怕谁呢？"[25]弥兰否认他撒谎，"'战车'只是由各个部分组成的整体的代称"。[26]

当各个部分各就各位，

　　"战车"一词才会说出来，

　　故当有一集合物时，

　　我们就惯例性地称之为"存在"。

　　此处容易误解那先比丘的立场。他的意思不是说存在"战车"（或"人"）这个东西，也不是说它等同于相关组成部分的集合体（我们之前就探讨过这为何行不通）。相反，他说的是，由于某种集合体的存在，我们会遵循社会规范使用"战车"这个（或"那先比丘"这个名字）。换言之，没有"自身"这个东西；笛卡尔的思想实体是一种幻觉。但是，这并不意味着我们能够或应该停止称呼"那先比丘""弥兰""布莱恩"或"巴拉克"。这样称呼就实际目的而言是有用的，指导我们的是语言使用的社会规范。同样，我们可以继续说"查尔斯·曼森（Charles Manson，1934—2017）是坏人"或"特蕾莎修女（Blessed Teresa of Calcutta，1910—1997）是很开明的"。但是，这些命题并不要求有一个专有名词指定的永恒不变的独特的形而上学实体的存在。

　　回到我们先前讨论的电影《关于亨利》里的例子，那先比丘会说没有事实能说明亨利是同一个人。我们是否认定他是同一个人完全是社会规范问题。中枪前亨利有一系列不断变化的身体和精神状态，中枪后他呈现出一系列转瞬即逝的心理生理状态，我们的社会规范是仍然习称他们为"亨利"，以下事实可以证明：即中枪之前"亨利"的家人和同事在他中枪后欢迎"他"回来（更喜欢现在的"他"，因为事故之后，虽然他的智商沦为常人水平，但是他善良而友好）。请注意类似的考虑也适用于堕胎。在笛卡尔主义者看来，存在这样一个事实，即当胎儿有了灵魂之后，从那时起，他就是同一个人了。终止一个有灵魂的身体的性命从道德上说就等同于谋杀。但是，界定人类生命从何时开始的诸多问题都表明，那先比丘的观点更为合适。我们不是去发现人的生命何时开始；我们是决定人的生命何时开始，且尽可能从人道的方式来决定。㉗

上文的观点具有小乘佛教的特点，无宗派观念的史学家认为它是佛教的早期形式。盛行于东亚地区的大乘佛教并不否认那先比丘的言论，而是把它延伸到新的方向。我们可以说小乘佛教认为没有自我，大乘佛教声称没有个体自我。中国唐代佛教哲学家法藏法师（643—712）描写了一场哲学对话，可代表大乘佛教的立场。㉘法藏让我们想想房子。㉙是什么让房子成为房子？当然是房子的各个部分组成了房子，除此之外没有其他东西。那么房子的组成部分是什么呢？就拿单个椽子来说：什么使它成为椽子？法藏认为它之所以为椽子是根据它在建房过程中所扮演的角色而言。有人可能会反对，即使没有房子的其余部分，椽子仍然存在。法藏回答说，那它就不再是椽子了。（例如，作过椽子的木材可能会被重新制作成长凳。我们可能会说："这个长凳曾经是椽子"，但是说"这个凳子真的是椽子，虽然看起来像长凳"就有些说不通。）使椽子成为椽子（不同于长凳或跷跷板）的是它在房子中发挥的作用。所以椽子的身份依赖于房子，但是我们已经看到房子等同于其所有部分。因此，椽子的身份依赖于房子的所有组成部分：椽子依赖于其他椽子、顶板、钉子等。但椽子与房子的关系同样适用于万事万物与整个宇宙的关系。*

---

* 何谓六象？曰统、曰辨、曰同、曰异、曰成、曰毁，是也。譬之宅然，合门牖堂室而号之曰宅，此统名之总也；"统"象也。分宅之中所曰堂：堂之内可入者曰室；堂室之中可出入者曰门；开壁纳光者曰牖；此辨名之别也，"辨"象也。门牖，宅之门牖也；堂室，宅之堂室也；"同"象也。堂自堂、室自室、门自门、牖自牖，"异"象也。堂兼室、室兼堂、门兼牖、牖兼门，此宅之"成"象也。栋梁不可为阶壁，阶壁不可为栋梁，此宅之"毁"象也。《方以智合二而一言论集选录》，《中国哲学》第三辑。

　　法藏用一句口号总结了他的要点："一切即一,因为一切事物都一样缺乏个性;一即一切,因为因果关系处于无限循环中。"⑨＊"一切即一,因为整个宇宙就是处于因果关系中的各种短暂的生理和心理状态的特定混合体而已。"一即一切",因为任何一件事物之所以成为自身就是靠其与定义它的其他事物的关系。房子之所以是房子就在于纟成房子的各个组成部分("一切即一"),而椽子之所以是椽子因为它是房子的一部分("一即一切")。作为残酷的因果事实,如果一些更强的恶势力从因果网中拔出亚历山大大帝军队中的最低级士兵,或者你的第三个表弟两次被开除,我们生活的宇宙将会像卡片屋一样坍塌。这不是诗歌而是最无情的因果关系,它体现在凯撒大帝临终前的最后一口气是我早上喝的咖啡;整个宇宙灰烬斑斑;我是你。宇宙没有你,甚至少了一粒沙子都像霍格沃茨(Hogwarts)＊＊或者兰尼斯特家族(House Lannister)＊＊＊一样完全虚构。

　　雷·布拉德伯里(Ray Bradbury,1920—2012)的影响深远的短篇故事《一声惊雷》(*A Sound of Thunder*,1952)提供了一个丰富多彩的例子,说明被巨大的时空间隔分开的事件可以广泛地联系在一起。在这个故事中,一个时间穿越者回到侏罗纪时代,不小心踩到一只蝴蝶。当他回到现在,他发现历史轨迹已经被改变,在某些方面微不足道,但在某些方面则是灾难性的。布拉德伯里的故事不仅仅只是臆测,因为自19世纪以来科学家们已经发现,确定性系统初始状态的微小变化可

＊　诸法相即自在门,此上诸义一即一切,一切即一,圆融自在无碍成耳,若约同体门中,即自具足摄一切法也;然此自一切复自相即入,重重无尽故也,然此无尽皆悉在初门中也。故此经云:初发心菩萨,一念之功德,深广无边际,如来分别说,穷劫不能尽,何况于无量无数无边劫,具足修诸度诸地功德行,义言一念即深广无边者,良由缘起法界一即一切故耳。法藏《华严五教章》卷四。
＊＊　小说《哈利·波特》里的一家魔法学校名。
＊＊＊　乔治·马丁的长篇奇幻小说《冰与火之歌》中虚构的一个显赫家族。

能导致该系统后期状态的巨大变化：亨利·庞加莱（Henri Poincaré，1854—1912）在进行物理学"三体问题"研究时发现了这一点。①之后在20世纪，爱德华·洛伦兹（Edward Lorenz，1917—2008）通过展示气象学的类似现象在科学界掀起一次小型革命：极小的大气变化（如蝴蝶在巴西扇动翅膀）可能会产生巨大的后果（如佛罗里达州的飓风）。②为了纪念布拉德伯里，这一科学发现现在被称为"蝴蝶效应"。虽然因果关系带来的影响可能并不总是像布拉德伯里故事里那样戏剧性，但似乎不可否认，找到宇宙中任何两件事物之间的关系也是可能的。如果你难以想象迭戈（我的法国斗牛犬）和卡戎（冥王星最大的卫星）之间存在什么关系，那么请记住两者存在引力（其大小与距离的平方成反比，距离越远，引力越小，但永远不会消失），而且两者都是在同一个宇宙大爆炸中被创造出来的。

想想这种理解如何改变了我们对自己的看法。我是谁？我身为丈夫、父亲、老师、作家、美国公民等。但是，这些身份都相互联系：我身为丈夫是因为我有妻子，身为父亲是因为我有孩子，身为老师是因为我有学生，身为作家是因为我有读者，身为美国公民是因为我身处的历史事实和机构体系。但是，与我相关的事物也在被我定义。③

政治哲学

托马斯·霍布斯认同笛卡尔的激进的形而上学个人主义，认为"世界上除了名字以外便没有普遍，因为被命名的对象每一个都是一个个体和单一体。"④ *因此，霍布斯的政治哲学在很多方面是笛卡尔的形而

---

* 此句引自黎思复、黎廷弼译：《利维坦》，商务印书馆，1986年，第20页。

上学的自然对应物。正如佛教帮助我们看待除了笛卡尔提出的个人主义形而上学的其他学派，儒家将帮助我们看到霍布斯提出的个人主义政治哲学的局限性。

霍布斯政治哲学的目的在于解释政府权威的正当性，其基本假设是在形而上学和伦理上人人最初都是完全独立于其他人的人。霍布斯似乎也认为，人人绝对都是追求自身利益的："任何人的自愿行为的目的都是为了某种对自己的好处。"⑤ * 因此，"任何两个人如果想取得同一东西而又不能同时享用时，彼此就会成为仇敌。他们的目的主要是自我保全，有时则只是为了自己的快乐；在达到这一目的的过程中，彼此都力图摧毁或征服对方"。⑥ ** 考虑到这些假设，霍布斯总结说，人类的自然状态是"每个人对每个人的战争"⑦。在这场冲突中，一个人在体力或智力上可能比别人稍微占些优势，但是，这并不产生多么显著的区别，因为即使"最弱的人运用密谋或者与其他处在同一种危险下的人联合起来，就能具有足够的力量杀死最强的人"。⑧ *** 因此，生命的自然状态是"孤独、贫困、卑污、残忍而短寿"⑨，就像电影《疯狂的麦克斯：狂暴之路》（*Mad Max: Fury Road*，2015）和电视剧《行尸走肉》（*The Walking Dead*，2010 年至今）里描述的世界一样。⑩

这种情况似乎让合法的政府权威变得不可能，但霍布斯认为恰恰相反，它正好使得政府的存在显得理性而且必要。在人类无情竞争的自然状态下，"任何人不论如何强悍或聪明，都不可能获得保障有大自然通常赐予人类的寿命"。因此，这是一种自然规律，"当一个人或他人为了和平与自卫，会自愿放弃这种对一切事物的权利；而在对他

---

    * 此句引自黎思复、黎廷弼译《利维坦》，商务印书馆，1986 年，第 100 页。

   ** 此句引自黎思复、黎廷弼译《利维坦》，商务印书馆，1986 年，第 93 页。

 *** 此句引自黎思复、黎廷弼译《利维坦》，商务印书馆，1986 年，第 92 页。

人的自由权方面，满足于反对他人的自由，同样也允许他人反对自己"；自此，人类可以并已经达成"信约"，宣布放弃相互间的暴力、欺诈和盗窃。现在，既然"没有武力，信约便只是一纸空文，完全没有力量使人们得到安全保障"④，因而有必要建立"某种强制的权力以使人们所受惩罚，正如违背信约所受惩罚一样（这种惩罚带来的恐惧大于所期望的利益），来强制人们履行其信约"④。这一强制的权力由政府提供。总之，人类天生拥有做任何事的权力，包括伤害和杀害他人以追求自己的个人利益，但这种情况下人人都会遭遇极大的痛苦。因此，人们同意放弃大部分的权力，将其交给政府以换取政府的保护，免受他人伤害。为了取得成功，政府必须拥有独一无二的、在原则上无限的权力来使用武力迫使人们遵守法律。虽然政府限制了我们与生俱来的自由，但即使是在最独裁的政府统治下，我们的生活也比在自然状态下更好。

霍布斯的哲学具有独创性，但它面临着几个不可逾越的问题。有一篇文章似乎是对霍布斯量身定做的回答，孔子认为"用政令来治理百姓，用刑法来整顿他们，老百姓只求能免于犯罪免于受惩罚，却没有廉耻之心；用道德引导百姓，用礼制去同化他们，百姓不仅会有羞耻之心，而且有归服之心"。④ * 儒家对独裁政权的批判与霍布斯相似的一点是，不管处罚多么严厉，政府的监管多么彻底，只要人们服从的唯一动机是个人利益，他们就会不断设法逃避法律制裁。相反，如果人类能够培养同情心和正直（"美德"），尊重他们视为神圣的社会规范（"礼"），法律和惩罚几乎就是不必要的存在。④

公元前 4 世纪的哲学家孟子捍卫孔子的政治理论，认为只要公民

---

* "道之以政，齐之以刑，民免而无耻；道之以德，齐之以礼，有耻且格。"《论语》为政第二第三节。

讲仁（同情别人的痛苦）和义（鄙弃可耻行为，像撒谎和欺骗），国家就能长久繁荣昌盛。相反，如果受利益驱使，即便是集体利益也会自取灭亡。孟子警告统治者：

> 大王！何必说"利"呢？只要有仁义就行了。大王说："怎么样使我的国度获利？"大夫说："怎样使我的封地获利？"一般士子和老百姓说："怎样使我本人获利？"结果是上上下下互相追逐私利，国家便危险了啊……从来没有讲仁义却遗弃父母的人，也从没有讲仁义却背叛自己君主的人。所以，大王只讲"仁义"就行了，为什么一定要说利益呢？⑮原文：王！何必曰利？亦有仁义而已矣。王曰，"何以利吾国？"大夫曰，"何以利吾家？"士庶人曰，"何以利吾身？"上下交征利而国危矣……未有仁而遗其亲者也，未有义而后其君者也。王亦曰仁义而已矣，何必曰利？*

孟子又论证了霍布斯哲学的另一个更复杂问题：它的人性观不仅丑陋，同时显然是错误的。孟子提出了针对同时代的利己主义者杨朱（约前 395—前 335）的一场思想实验，它对反霍布斯同样有效：

> 人人都有怜悯别人的心，比如人们突然见到一个小孩要跌进井里去了，任何人都会有惊骇同情的心理，这并不是为了要和这小孩的父母攀结交情，也不是为了要在乡党朋友中博取美誉，更不是厌恶听那小孩的哭声才如此的。由此可以看出如果没有同情心，

---

* 《孟子》梁惠王章句上第一节。

就不是人。㊼*

　　孟子思想实验的各个方面都经过精心的挑选。请注意以下几点：
① 孟子要我们想象孩子处于危险中的情形。孩子因其无辜和无威胁
性，比成年人更容易引发我们的同情心。② 我们应该想象有人突然看
到孩子。"突然"这一点很重要，因为它表明当时的反应是下意识的，根
本来不及考虑孩子的父母是谁，或救了孩子后能得到什么奖励，甚至孩
子在井里挣扎，整个晚上听他哭叫会不会很恼人，瞬间反应所代表的是
人看到危险中的孩子时的感受。③ 这篇文章经常被错误地引用以证
明任何人都愿意将孩子从井里救出来；然而，孟子并没有那样说。他只
是指出任何人在这种情况下都会有"一种怵惕恻隐之心"，这种感觉可
能是短暂的。也许那个人的第二反应是自己如何讨厌孩子的父母，希
望看到他们痛苦，或者处于自我利益考虑，担心在试图拯救孩子的过程
中可能自己会不小心掉进井里。孟子只是要求我们至少在有些情况下
拥有常人都能感受到的真正的同情心。④ 孟子让我们思考一下，一个
突然看到孩子要掉进井里却没有哪怕只有一丝短暂的同情心，我们会
对他说什么。他建议将这样的人称为"没人性"，我认为是合理的建议。
"精神病患者"是专业术语，可以指这类对他人连最基本的同情心都没
有的人。在技术层面上他们究竟是不是人还有待讨论，但我们肯定认
同他们缺乏人性中至关重要的东西。

　　总之，孟子"孺子溺井"的思想实验描述了对孩子（一个同情的典型
对象）的突然（所以没有时间进行暗地谋划）反应。孟子只是说，在这种

---

　　* "所以谓人皆有不忍人之心者：今人乍见孺子将入于井，皆有怵惕恻隐之心；
　　　　非所以内交於孺子之父母也，非所以要誉于乡党朋友也，非恶其声而然也。
　　　　由是观之，无恻隐之心，非人也。"《孟子》公孙丑章句上第六节。

情况下任何人至少会作出惊骇和同情的瞬间反应（他并没有说人人都会采取行动来救这个孩子），而且他建议我们将无此反应的人视为无人性的禽兽（而不是人类）。孟子在其他地方简明地将他对人性的看法表达为"仁也者，人也。"[47]

当代发展心理学支持孟子的观点，认为正常人对于同情心有一种天生就有的性情。[48]从本能上看，人类至少已经发展到关心别人幸福的性情的阶段，这一点不会令人吃惊。正如其他灵长类动物（如犬科、鲸类和大象），我们人类是群居动物，相互依赖生存，愿意为他人牺牲，而且往往未必有任何酬劳。达尔文自己提供了对道德动机演化的解释，[49]而且最近的生物学家提供了有关进化如何选择利他主义的更为正式的论证。[50]

孟子对人性的不同看法造成了一个完全不同的有关自然状态下的人类的观点。人类自然而然地群居，一同解决公共问题。政府很重要，因为它可以引导人们朝着忠于集体的方向发展，造福于所有人。孟子声称在古代，"洪水横流，在中原到处泛滥，大地上成了蛇和龙的居处，人们无处安身；低地的人在树上搭巢，高地的人便营造洞穴"。*为了应对这些问题，圣人出现了，禹组织人们"疏通河道，把水引到大海里，把蛇和龙赶到草泽里"。[51]**

孟子没有对人类持盲目乐观的观点，即他不认为人类从未发生过冲突。他意识到有时候需要使用军队和警察。但是，他认为犯罪往往是贫困造成的：如果人民"无法过上满意的生活……等到他们犯了罪，然后加以处罚，这样等于陷害百姓"。[52]***当一位国君担忧国内盗贼盛

---

* "水逆行，犯滥于中国，蛇龙居之。民无定所，下者为巢，上者为营窟。"《孟子》滕文公章句下第九节。
** "禹掘地而注之海；驱蛇龙而放之菹。"《孟子》滕文公章句下第九节。
*** "苟无恒心，放辟邪侈，无不为已。及陷于罪，然后从而刑之，是罔民也。"《孟子》梁惠王章句上第七节。

行的问题时,孔子提出了同样的观点:"假若你自己不贪,就是奖励偷窃,人们也不会偷窃。"③ *

　　一味地求助于狭隘的自我利益和武力威胁来控制人民的做法是不现实的,霍布斯的心理学也是不切实际的;除了这两个事实之外,霍布斯的政治哲学还有第三个重大问题。考虑到佛教对笛卡尔哲学观点的批判,我们不敢相信人们从根本上和形而上学上有别于他人。但是,佛教观点的政治含义是什么呢? 被称为"宋明理学"的运动挪用了佛教的见解以便为自己独特的政治哲学和伦理学提供形而上学的基础。程颢(1032—1085)以一个比喻清楚地表达了理学的观点:"医书言手足痿痹为不仁,此言最善名状。仁者,以天地万物为一体,莫非己也。认得为己,何所不至? 若不有诸己,自不与己相干。如手足不仁,气已不贯,皆不属己。"④程颢将肢体麻木或"无知觉"与对他人的"无感情"进行对比。如果我们有一只脚麻木了,因为我们可能任其受伤而不想对它采取任何行动,这肯定是有毛病的。身体的麻木使我们不能对身体的某些部分作出适当的反应。同样,对他人的痛苦感到麻木也是一种失败,没有能对最终作为我们一部分的东西作出适当的反应并采取适当的行动。

　　但是,我们真的可以接受没有个人自我的观点在伦理和政治方面的含义吗? 这是区分佛教和宋明理学的问题。它们的分歧既有形而上学的一面,也有伦理学的一面。从形而上学方面来说,像法藏那样的佛教徒声称,我们存在于超个人的自我(transpersonal self)的方方面面。因为顿悟的人将所有人类平等地看作世界整体的一部分,他或她拒绝自私自利,平等地爱每个人。然而,这种观点也使得完全顿悟者拒绝浪

---

*　"荀子之不欲,虽赏之不窃。"《论语》颜渊第十二章第十八节。

漫的爱情和孝道,因为所有这些都是(虚构的)人对其他(虚构的)人的爱恋(难怪绝大多数文化里佛家和尚和尼姑都是独身者)。正如法藏所说:一旦顿悟,"感情消失了,作为物的表现的达摩(佛法)融合起来成为一体"⑩。

佛教吸引宋明理学的一个观点是我们与万物构成"一体"的形而上学事实证明了仁的合理性。然而,他们严厉批评佛教挑战传统家庭关系的重要性,⑱并认为佛教在贬低个体概念时走得太远了。当程颢的一个弟子高兴地宣布"我不再觉得身体是我自己的了",程颢笑着回答说:"别人吃饱了,你就不觉得饿了吗?"因此,理学家修改了佛教形而上学:他们认为,为了以物与物之间的关系来定义事物,在这些关系中必须存在个体事物。若没有与之相关的东西,你怎么与其建立关系呢?(更抽象的说法,关系是 aRb 的逻辑形式,其中 a 和 b 是处于关系 R 中的个体。没有个体 a 和 b 的联系,就不会有关系 R。)例如,如果椽子是由它与房子的其他部分(如钉子和顶板)的关系所定义,必须还有一些木材、金属和砖瓦(这些具体的个体)才能使它们置身于作为房子组成部分的关系中。同样,除非至少有一个特定的人是母亲,另一个人是孩子,否则母子关系就不存在;除非至少有一个人在关系中相对另一个人处于学生的地位,否则学生身份将不存在。伟大的理学家朱熹这样解释道,使用"理"来描述实体之间的关系网:"如一所屋,只是一个道理,有厅有堂;⋯⋯如这众人,只是一个道理,有张三李四,李四不可为张三,张三不可为李四。"⑲因此,浪漫的爱情、孝顺父母和其他情感都是合理的,因为存在真爱自己妻子的丈夫和真正尊重父母的孩子等。

我担心理学已经回到类似于笛卡尔式物质或亚里士多德质料的悖论概念中:存在于关系中的低质个体却不是由关系来定义。然而,儒家努力地认为以下两点都是合理的:① 我们依赖他人;② 我们是拥有各自的需求、目标、人生历史及情感的个体。儒家的这种努力的确有些吸引力。

奥巴马（Barack Hussein Obama）总统在 2012 年的连任竞选中发表的演讲中（不知不觉地）表现出孔子的视角：

> 如果你成功了，那是一路上有人为你提供帮助，你的生活中出现了一位伟大的老师。先人创造了这个难以置信的美国制度，所以我们才得以繁荣发达，有人投资建设了道路和桥梁。如果你事业有成——那不仅是你一人的功劳而是有人帮你取得了成功……要点是，当我们取得成功时，不仅是因为我们个人的主动创造，而且也是因为我们共同的努力。㊳

这个声明遭到保守派的广泛批评，他们认为这是对个体企业主成就的抨击，也是对他们从劳动成果中获利的权利的攻击。㊴然而，对于了解宋明理学的人而言，奥巴马的声明不过是简单的常识而已。

我不是商人，但我也为自己的成就感到自豪。我感到骄傲的是教了几代学生，出版了若干书籍和文章。我相信，如果没有我的努力和能力，我在教学和科研著作出版方面就不会取得成功。然而，我没有奢望自己是学术界的鲁滨逊。㊵我知道我并不是单枪匹马闯天下的，我提出的每个观点和方法都得益于他人的帮助，我是在别人的基础上提出自己独特思想的。我感谢父母给了我他们不曾拥有的机会。我的职业生涯依赖于我从小学一年级到博士研究生的每一位老师。当然，我作为老师和作者的角色完全依赖于学生和读者。所以，你应该为你的个人成就感到自豪，但你也不应该忽略单靠自己并不能取得这一切的事实。

儒家当然不是中国仅有的政治理论。墨子在霍布斯之前两千多年就开始认为自然状态下的冲突使得人们有必要建立政府。此外，墨子的论证版本比霍布斯的更为合理,因为墨子并不认为人类是自私自利的。他认为,自然状态下的冲突源于人类不同的是非观念。[61]像慎到和韩非子这样的法家认为,人类大部分(虽然也许不完全)是自私的,因而政府只能通过明确和清晰的法律来进行有效治理,法律的执行要赏罚分明。[62]* 本章只是概括了中国政治思想的一些皮毛而已。

伦理学

与社会如何构建密切相关的问题是伦理学的根本问题:人们该如何生活?阿拉斯代尔·麦金泰尔(Alasdair MacIntyre)在《德性之后》(*After Virtue*)中谈到,现代西方伦理学在本质上是不连贯的,因为它背叛了亚里士多德的深刻见解。我对麦金泰尔的批评深表同情。不过,我们要看到,儒家的修身观点可以是有别于亚里士多德观念的另一选择。

麦金泰尔认为,现代伦理学继承了中世纪的亚里士多德主义伦理框架,但扔掉了理解该框架所需的组成部分之一。[63]根据经典概念,人生来就本性野蛮,具有形形色色的动机、智慧潜力以及更重要的伦理潜力。若没有道德培养,这些动机将导致道德败坏的行为(如残忍、不诚实等)以及自我毁灭。通过道德培养,人类塑造自己的动机,磨炼自己的能力,实现自己的潜能。例如,我们有满足自己感官欲望的动机,但是我们学会延迟感官满足;我们有成为有德之人的潜力,并逐渐将其变为现实。只要我们充分实现所有潜力,我们就能塑造稳定的高尚品格,这将导致稳定持久的道德行为。总而言之,道德品质是我们养成的

---

* "刑过不避大臣,赏善不遗匹夫。"《韩非子·有度》

高尚品格的表现，是实现潜力的道德修身的结果，从而改变我们与生俱来的野蛮本性，反之，将导致道德败坏和堕落。图 2.1 为我们提供了这个框架的画面。

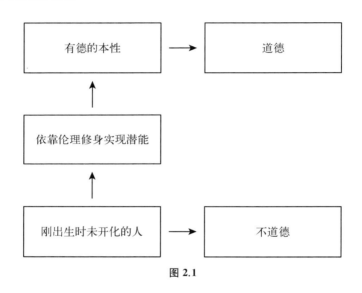

图 2.1

然而，现代科学兴起的一个重要部分是反对亚里士多德对潜能性与现实性之间的经典区分。在法国喜剧作家莫里哀（Molière，1622—1673）的著名滑稽剧中，亚里士多德派医学院学生解释说，鸦片导致人们嗜睡的原因在于它的催眠力（virtus dormitiva）[④]，其隐含意义是潜能性变成现实性的解释只不过是矫揉造作的虚假解释。笛卡尔和霍布斯都否认存在潜能性这样的东西。[⑤]笛卡尔认为"那不过是潜在的存在……准确地说，是什么也没有"[⑥]。霍布斯抱怨说"圣经中没有这样的潜能性，任何拉丁语作家的作品中也都没有。它只是作为艺术话语存在于学院派神学中，或者作为使外行感到惊讶和困惑的骗子花招"⑰。一切存在都是完全真实的。正如我们将在第四章讨论的那样，亚里士多德的科学比我们现在认可的情况更为复杂。具有讽刺意味的是，物理现实是由物质能（这种物质能有呈现出不同形式的潜力）组成的这个当代观点跟 18 和 19 世纪科学正统观点的原子论相比，它更接近亚里士多德的观点。⑱不可否认的是，早期现代科学的革命是通过根据运动的物体用定量的方式解释现实而不是根据实现潜能性的物体用定性的方式解释现实来实现的。

对自然科学来说是积极的概念的进步的东西，对伦理学来说则成为一场灾难。对讨论潜能性的实现的指责使我们的内在动机与道德行为之间的关系缺乏连贯性。伦理学的垂直维度——我们所谓的理想伦理学——坍塌了，留给我们人性野蛮的形象，以及与人性关系不明晰的道德规范。图 2.2 是现代性留给我们的破裂的伦理学框架的图像表达。

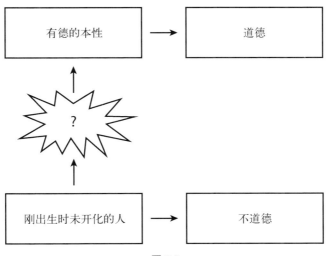

图 2.2

　　霍布斯的政治哲学就是一个例子，它努力地为仅仅诉诸最原始人性的道德寻找理性的辩护。最终，现代伦理学被引向存在主义观点：伦理学是一种在同样没有合理性论证的生活方式（有些有道德，有些没有道德）之间进行的没标准答案的选择。⑩从这个概念看来，教育和精神实践不过是洗脑而已。

　　近年来，许多西方哲学家认识到现代伦理学为其自身制造的难以解决的问题，故而一直在引导我们通过恢复亚里士多德的德性伦理学传统并将其现代化以"回到未来"⑪。然而，亚里士多德关于道德培养的概念本身存在着严重问题。亚里士多德说，"德性在我们身上的养成既不是出于自然也不是反乎于自然的。首先，自然赋予我们接受德性的能力，而这种能力通过习惯而完善"⑪。* 换句话说："我们通过做公正的事成为公正的人，通过节制成为节制的人，通过做事勇敢成为勇敢的人。"⑫**然而，亚里士多德认为，道德培养的初学者不会用"公正或节制的人的方式"做出高尚的行为。⑬具体来说，初学者并非因为美德本身而爱美德，也不是出于一种确定了的稳定的品质而行动的。⑭但这留给我们一个实质性的理论问题：如果我们的本性并不善良，那么，一些习惯怎能帮助我们拥有体现独特美德的情感和动机呢？习惯似乎最多促使外在行为符合美德的要求，而非产生真正的美德。

　　打个比方。行为主义者斯金纳（B.F. Skinner，1904—1990）的著名论断是，可以通过条件反射教一只鸽子打乒乓球。鸽子做出某些行为就给予食物奖励，这样它就逐渐习惯于像划桨一样用翅膀击扔向它的乒乓球。这是说明习惯威力的明显例子，但它不是非常令人满意的道德培养模式。首先，如果我们不偷窃或不撒谎，仅仅因为像鸽子一样

---

　　*　 此句引自廖申白译：《尼各马可伦理学》，商务印书馆，2003 年，第 36 页。
　　**　 此句引自廖申白译：《尼各马可伦理学》，商务印书馆，2003 年，第 36 页。

习惯于某种特定行为的话,我们不是真正的品德高尚,因为我们没有正确的动机。正如孟子所说,君子"是从仁义之心出发办事,而不是表面上实行仁义"。⑰*

或许更重要的是,人类的适应能力和反思能力比鸽子更强。正如斯金纳所表明的那样,在你停止给鸽子食物奖励很久以后,它仍然以同样的方式击打乒乓球,可能一辈子都这样下去。但是,人若不再因为善良行为而得到回报或者因为恶性行为而受到惩罚,他很快就会认识到这一点。一旦美德似乎不再方便,仅仅出于习惯而行为高尚的人将很容易屈服于诱惑。亚里士多德明白,美德需要依据正确的动机行事。然而,他却没有对如何灌输这些动机作出连贯的解释,因为他认为人性在道德上是冷漠的。

比较哲学家已经建立了一个有用的框架,用以比较道德培养的不同观点,包括英美欧洲的观点如亚里士多德的观点以及亚洲的观点学派。该框架把道德培养理论区分为发展模式、发现模式和重塑模式。⑱根据重塑模式,人性对美德并没有积极的立场,所以必须通过教育和行为重新塑造,以便人们获得美德所需要的动机、认识或者性情。亚里士多德有一个重塑模式,这与古代儒家荀子(前 313—前 238)一样。荀子采用隐喻的方式说明这种道德培养模式:"木材挺直得如同木工的墨线,但用火烘烤,就可使它弯曲,进而做成车轮,它的曲度就像与圆规画的一样,即使再经过烈火的烘烤,太阳的暴晒,它也不能再恢复原样了,这是熏烤弯曲使它变成这样的啊。"⑲**人的道德转变同样激进:人们

---

* "舜明于庶物,察于人伦;由仁义行,非行仁义也。"《孟子》离娄章句下第十九节。

** "木直中绳,輮以为轮,其曲中规,虽有槁暴,不复挺者,輮使之然也。"《荀子·劝学》

"眼睛喜欢看美色，耳朵喜欢听乐音，嘴巴喜欢尝美味，内心贪求私利，身体喜欢舒适、安逸，这些都是从人的情欲本性中产生的。如果顺应人的本性，那么就会出现淫荡和混乱"。* 然而，通过道德教育和社会化过程，"不正确的东西，眼睛不看，耳朵不听，嘴巴不说，内心不去思考它"。** 重塑模式并不反对理性。道德修养高的人能够明白道德要求的合理性。然而，重塑模式似乎指向威权式的教育观，因为初学者必须有信心最终会看到习惯养成后的样子以及背后的原因。㉘正如我们所看到的那样，重塑模式的主要理论问题是，它们无法解释像怜悯、羞耻感、热爱美德的动机是如何形成的，毕竟人性对道德至少是冷漠的。

发展模式可以很容易地应对这个挑战。他们声称人类天生有一种喜爱高尚的感受、认知和行为的初步倾向。道德培养是将这些苗头培育成成熟的美德。孟子的观点令人着迷的部分原因就在于，除了他以外，中国或欧洲其他任何哲学家都没有提出这样一个原始的发展模式。（卢梭可能是最接近孟子观点的西方人。）㉙上文讲述过孟子提出的思想实验，显示正常人至少在初期有一种同情他人的倾向（如孺子溺井的故事）。孟子用农业的隐喻将我们对美德的先天倾向描述为"新芽"（德之端）。他声称，要真正成为有德的君子，我们必须"推"这些新芽。东亚和西方都有关于如何理解"推"的热烈的辩论。孟子与国王之间的一场著名的对话说明了这个问题。

统治者好大喜功连年征战，加上其骄奢淫逸的生活，为弥补财政缺口只好大肆征税，这让老百姓的生活困苦不堪。然而，孟子说，他知道国王有能力成为真正伟大的君主。当国王问孟子是怎么知道的时，孟

---

    *   "目好色，耳好声，口好味，心好利，骨体肤理好愉佚，是皆生于人之情性者也……且顺情性，好利而欲得，若是，则兄弟相拂夺矣。"《荀子·性恶》

   **   "使目非是无欲见也，使口非是无欲言也，使心非是无欲虑也。"《荀子·劝学》

子就讲述了刚刚听到的轶事:"君王坐在大厅里。有一头牛被拉着走过。君王看见了,说:'上哪儿去?'有人回答说:'我们要用它的血来献祭一个钟。'君王说:'别杀它。我不能忍受它受惊吓的样子,像无辜的人被执行死刑。'"㉚ * 国王证实了这个故事的真实性,并问他怎样才能成为伟大的国王。孟子回答说:"如今(大王的)恩惠足以施行到禽兽身上了,而功德却体现不到百姓身上,偏偏是什么原因呢?……所以大王未能做到用仁德统一天下,是不去做,而不是不能做啊。"㉛**

　　黄百锐指出,最近西方有关这段话的讨论主要有三种解释:㉜① 如前所述,孟子时代有自我主义者,也许孟子只是希望国王承认自己有能力出于善心采取行动。这种解释可以从讨论中频频提到国王的潜能和能力得到证实。② 我们可以看到孟子是在给国王提供"准逻辑"的论证。㉝您对即将被宰杀的牛的痛苦表现出同情(案例 A)。但是,您的臣民也生活在痛苦之中啊(案例 B)。由于案例 B 与案例 A 相似,既然您对案例 A 表示同情,为保持逻辑一致性,您也应该对案例 B 表示同情。这种解释可以从下面这个事实得到证实,孟子所用的词"挂"被另一位古代中国哲学家用作推理形式的名称:"'推'是使其屈服于他,理由是他接受不接受都一样。"㉞*** ③ 黄先生本人雄辩地论证了第三种解释。孟子试图帮助国王以一种新的方式认识自己的臣民,从而使其对牛的同情能够转移到臣民身上:他不应该只看到牛,而且要看到生活在困苦之中的臣民"无罪而就死地"。这种解释的优点在于,它

---

　　*　"臣闻之胡龁曰,王坐于堂上,有牵牛而过堂下者,王见之,曰:'牛何之?'对曰:'将以衅钟。'王曰:'舍之! 吾不忍其觳觫,若无罪而就死地。'"《孟子》梁惠王章句上第七节

　　**　"今恩足以及禽兽,而功不至于百姓者,独何与? 故王之不王,不为也,非不能也。"《孟子》梁惠王章句上第七节

　　***　"推类之难,说在(名)之大小。"及"在诸其所然诸未然,说在于是推之。"《墨子·经下》

对道德培养是如何真正发展了先前存在的动机提供了心理学上的合理解释。

我们已经看到，阐释道德培养的重塑模式的最好隐喻是就像加工骨器，切了还要磋；就像加工玉器，琢了还得磨*。相比之下，发展模式与农民种庄稼类似。⑤道德培养理论的第三类——发现模式经常使用视觉隐喻："道理只是眼前道理，虽见到圣贤田地，亦只是眼前道理。学苟知本，《六经》皆我注脚。"⑥**正如该隐喻表明的那样，发现模式认为，人类先天拥有美德所需的充分潜力。我们要做的不过是锻炼这些能力。佛家和理学家倾向于支持发现模式，因为他们认为至少在原则上，人人皆可成圣，这不过是发现宇宙真相的方式问题。发现模式在西方非常普遍，尤其是在现代。现代西方元伦理学的两大趋势是自然主义和直觉主义。自然主义者如霍布斯或大卫·休谟将道德视为人类动机或情感的基础。相反，西方的直觉主义者认为，道德是一个"看到"非自然道德事实的问题。然而，两者都认为，道德不是发展潜力或重塑动机的问题，而是简单的发现某种东西。例如哈罗德·普里查德（H. A. Prichard，1871—1947）是直觉主义者的代表。他断言，我们对道德真理的认识是不言而喻的："总的来说，如果我们真的怀疑在情况 B 中是否有必要产生 A，补救办法不能通过任何思维过程产生，而是面对特定的情况 B，然后直接认识到在这种情况下产生 A 的必要性。"⑦请注意视觉隐喻则："与其面对面。"普里查德对可能的分歧作出的唯一让步是"当然，只有道德修养高的人才有可能认识到义务，而且可能会有认识程度的不同"⑧。我们可以很容易地想象到，普里查德这个在大英帝国巅峰时期的作家想象的"道德修养不高的人"是什么样子，以及这种观

---

*　"如切如磋，如琢如磨。"《论语》学而第一第十五节
**　《陆九渊集》卷三十四语录上。

点对于奉行帝国主义是多么方便。

从比较的角度来看，令人印象深刻的是，与佛家和理学家相比，西方版本的发现模式是多么原始。这里至少有两个原因：① 佛家和理学家版本的发现模型没有即刻诉诸或有或无的野蛮本能或情感；⑱② 在你知道应该做什么却受到强大的诱惑去做其他事而陷入不知所措时，他们为你提供指南。

假设我是粗心大意的父亲：我没有为孩子留出时间，没有努力分享他们的兴趣，也没有坚持且和气地问他们问题，直到他们最后愿意跟我说话。你告诉我真的应该更积极地扮演父亲的角色。我告诉你，我有自己的需要和课题，我已经为孩子提供了免费的房间和膳食，其他很多父母还会虐待责骂孩子呐，你为什么要跟我过不去？你告诉我，正如普里查德所说，我有义务成为更好的父亲，这是不言自明的事实。你真的期望愤怒之外的其他答复吗？

对同样的挑战，理学家的回应与前面相反。理学家会问我"你是谁？"我给出的任何答复至少都会隐含地提及他人，正是他们定义了"我是谁"。因此，如果我是粗心大意的父亲，不仅仅对孩子来说是坏事，因为当家长是我的定义的组成部分。坏父亲就是坏的自我。同样，如果我是懒惰的老师，不仅仅对学生来说是坏事，因为当老师是我的定义的组成部分。失败的老师就是失败的自我。在此，我并不是说理学家的做法能保证把无德之人变成有德之人。没有什么灵丹妙药能治疗伦理虚无主义。我们能够期待从伦理学理论中获得的最大收获不过是，它能帮助少数人变得更好一些，防止少数人变得更糟糕。但是，理学家的挑战至少有某种理性牵引作用去说服那些容易转变观念的人，而不是用西方直觉主义或自然主义的抽象而空洞的道德谴责。

意志薄弱

与上述例子相反，假设我已经知道，我应该成为更体贴入微的好父亲或要求更严格的老师，但是我在一个或两个领域都挡不住诱惑而失败了。西方哲学家将这样的案例描述为"意志薄弱"：指一个人明明知道自己应该做什么却挡不住诱惑而去做其他事的现象。这是我们道德实践中最常见、最熟悉的现象之一。但它提出了两个重大问题：理论性和实践性。理论问题是解释道德知识如何与道德行为相关并导致意志薄弱的出现。对任何发现模式而言，该问题都非常棘手。如果道德所能做的就是通过实现天生潜能来发现某个东西，那么这个知识的发现对采取行动来说肯定是必要而且充分的。实践问题则是为意志薄弱者提供指南，帮助他们克服弱点。在此两大议题上，理学家都作出了引人入胜的巨大贡献。

理学家关于意志薄弱的辩论通常都始于古代经典著作《大学》中发人深省的一段话："所说的'使意念真诚'，就是不要自己欺骗自己。厌恶坏事就像讨厌难闻的气味，喜爱好事就像爱好漂亮的景色。这便叫做自我满意。"⑨ * 究竟"如恶恶臭，如好好色"指的是什么？这段话意味着一个有诚意的人会厌恶坏事就像讨厌难闻的气味，喜爱好事就像爱好漂亮的美人。如恶恶臭的独特性在于认知和动机相结合。识别出恶臭就意味着对它产生厌恶。如果我闻闻牛奶，发现它已经坏了，我无须激发避免将它放入咖啡的动机。我厌恶坏事应该是同样的知行合一。如果我认识到某些事是坏事，我应该会发自内心的、不由自主地厌恶

---

* "所谓诚其意者，毋自欺也。如恶恶臭，如好好色，此之谓自谦。"《大学》第七节

它。我无须强迫自己避免作恶，正如我无须强迫自己倒掉坏牛奶一样。

"如好好色"说明了同样的观点，但其原因需要解释一下。我在这里将"sè"这个词翻译为"景色"。在古代汉语(《大学》使用的语言)中，"sè"可以表示颜色或外表，^㉛一些翻译采用这个含义。^㉜然而，色更常见的意味着性欲或激发性欲的美色。因此，孔子曾经抱怨说："我还没有发现过喜爱道德跟喜爱美色一样的人。"(子曰"吾未见好德如好色者也")^㉝因此，"如好好色"并不是指我们喜爱特别的蓝色阴影，甚至不是喜欢美丽的日落，它指的是被漂亮美人吸引。^㉞

所以当《大学》告诉我们应该"如恶恶臭，如好好色"，这就意味着我们要厌恶坏事就像讨厌难闻的气味，喜爱好事就像爱好漂亮的景色。这些比喻的实质内容是宣称我们对坏事的邪恶和对好事的喜爱是认知和情感的统一体。当我们认识到气味令人厌恶时，我们无须作出厌恶恶臭的决定，也无须强迫自己厌恶它。认识到气味令人厌恶(一种感觉)就意味着厌恶它(一种动机)。同样，当我们认识到某事是坏事(感知)时，我们应该不由自主地发自内心地厌恶它(动机)。视觉比喻同样指明了认知和情感的关系。发现某人性感就是感受到此人的性吸引力。同样，当我们认识到某东西好(感知)时，我们就会被吸引(动机)，而不需要意志的力量。"诚意"是用来描述这种状态的词。

既然我们明了了"诚意"是什么，我们更容易理解为什么《大学》将其解释为不自欺欺人。在理学家的发现模式版本中，我们天生有能力认识到我们是大部分由人际关系所定义的个体。正如王阳明(1472—1529)所说：

　　大人把天、地和万物当成他们自己的身体。他们将整个世界视为一家，将中国视为其成员之一。那些按照形体区分你我，而将自己视为独立于天、地球和万物的是小人。大人的心怎么能够与天地万物一体呢？其实小人也一样可以有这颗仁人之心。只是他们看待事物的方法让他们自己成为小人罢了。所以，当他看到一个孩子[即将]掉进井里时，必会自然而然升起惊恐和同情之心。这就是说他的仁德跟孩子是一体的。（大人者，以天地万物为一体者也。其视天下犹一家，中国犹一人焉。若夫间形骸而分尔我者，小人矣。大人之能以天地万物为一体也，非意之也，其心之仁本若是，其与天地万物而为一也，岂惟大人，虽小人之心亦莫不然，彼顾自小之耳。是故见孺子之入井，而必有怵惕恻隐之心焉，是其仁之与孺子而为一体也。——王阳明《大学问》）。⑥

一个充分认识到他/她与其他人"结为一体"者就不会对邻居的苦难视而不见，正如他/她不会对自己受伤的肢体无动于衷一样。但是，人们可能选择是否接受这个知识。如果他/她决定不遵守其道德准则，他/她就是在真实的自我问题上欺骗自己。因此，他/她陷入双重的自我欺骗：关于他的自我是什么，他在欺骗他自己。当我们以这种方式对自己说谎时，正如《大学》所说，我们是"自谦"，因为我们的道德本质与我们的自私欲望之间出现了紧张关系。⑥

总体上，理学家会同意上文的论述，既是对《大学》的解读也是对人类道德心理的描述。然而，在一个细节上存在至关重要的分歧。这个模糊性源于程颐（1033—1107）提出的区别：

真知不同于常识。我曾见过一位被老虎咬伤的农民。有人说老虎刚刚在这个地方伤了人，所有人都表示惊恐。但农民的面部表情和行为与其他人不同。即使是小孩子也知道老虎可伤人，因而这不是真知。只有像农民那样才是真知。所以有些人知道那样做是错的可还是做了；这不是真知。如果真知，他们肯定不会这样做。（"真知与常知异。常见一田夫，曾被虎伤，有人说虎伤人，众莫不惊，独田夫色动异于众。若虎能伤人，虽三尺童子莫不知之，然未尝真知。真知须如田夫乃是。故人知不善而犹为不善，是亦未尝真知，若真知，决不为矣。"《二程全书·遗书二上》）⑥

被老虎咬伤的农民深感恐惧的例子可以用来解释《大学》中以"如恶恶臭"和"如好好色"为例所阐释的认知和动机的内在结合。在此，当程颐将它称为"真知"时，这表明那些没有受到老虎伤害的人不会真正了解老虎有多危险。不过，程颐并没有像我们期望的那样将"真知"与"假知"或"所谓的知"进行比较。他将农民的知与"常知"进行对比，这表明其他人真的会了解到老虎危险，只是没有被虎咬伤的农民那么深刻。所以，哪种方法才是理解美德认知与动机之间关系的正确方法呢？我们能够说那些没有适当动机去做好事的人根本就没有真知吗？还是我们应该说他们有一种认知但并非理想的那种深刻认知？

朱熹认为《大学》中的明喻应该结合同一篇文章中前面的段落来解释："欲诚其意者，先致其知。"⑧对朱熹来说，这表明道德培养的过程分为两部分：获得是非好坏的知识，然后通过持久而专注从而使知识更为有效。修身的初学者会发现，这种专注需要不断努力。当他缺少这种努力时，就屈服于意志薄弱："如果人们知道某些东西，但行为不符时，他们的知识仍然很浅薄。可一旦亲身经历过，他们的知识会更加深刻，且不再与之前的知识具有同样的意义。"⑳ * 这样就解决了意志薄弱

---

* "方其知之而行未及之，则之尚浅。既亲历其域，则知之益明，非前日之意味。"《朱子语类》卷九·学三

可能带来的理论和实际挑战。如果不专注于我们拥有的道德知识就可能出现意志薄弱的情况。我们作为伦理代理人的义务是避免自我欺骗，专注于道德知识，直至使其成为我们的第二天性。因此，朱熹将《大学》中的"如恶恶臭，如好好色"的明喻理解为我们每个人努力追求的最终目标。

对朱熹最犀利的批评来自王阳明。王阳明以提出"知行合一"的理论而闻名于世，对此的典型解释是否认意志薄弱的可能性。[⑱]王阳明说："未有知而不行者。知而不行，只是未知。圣贤教人知行，正是安复那本体，不是着你只恁的便罢。"（《传习录》徐爱篇）[⑱]王阳明的门徒问他怎么可能，"如今人尽有知得父当孝、兄当弟者，却不能孝、不能弟，便是知与行分明是两件"。他用三个论证作出了回答：

首先，王阳明认为道德上的知与道德动机有内在联系，知识与动机之间的联系就像"如好好色"和"如恶恶臭"：

> 闻恶臭是"知"，讨厌恶臭是"行"。闻到难闻的气味，他自然地会讨厌它。而不是你先闻到它才起一个心去讨厌它。一个人如果鼻塞，就是发现恶臭在眼前，鼻子没有闻到，根本不会特别讨厌了，因为他未曾知臭。当我们说有人知晓孝顺父母尊重兄长，情况也如此。那人必须已经作出孝顺父母或尊重兄长的行为，才可以说他知孝悌。["闻恶臭属知，恶恶臭属行。只闻那恶臭时，已自恶了，不是闻了后，别立个心去恶。如鼻塞人虽见恶臭在前，鼻中不曾闻得，便亦不甚恶，亦只是不曾知臭。就如称某人知孝，某人知弟，必是其人已曾行孝行弟，方可称他知孝知弟。不成只是晓得说些孝弟的话，便可称为知孝弟。"（王阳明《传习录》第五篇）][⑱]

对于王阳明而言,《大学》中的比喻并没有描述道德知识与动机经过多年的努力后完全结合为一体的修身目标;相反,它描述了真正的道德知识从一开始就是那个样子。用西方伦理学的术语来说,王阳明是动机内在论者,坚持认为知善在本质上就是有动机去追求善。⑬

王阳明对知行合一的第二个论据是,仅仅口头上赞同并不足以表现为知:

> 不成只是晓得说些孝弟的话,便可称为知孝弟。又如知痛,必已自痛了,方知痛;知寒,必已自寒了;知饥,必已自饥了。知行如何分得开? 此便是知行的本体,不曾有私意隔断的。圣人教人,必要是如此,方可谓之知。不然,只是不曾知。此却是何等紧切著实的工夫。(王阳明《传习录》第五篇)⑭

要了解王阳明在此处提出的重要认识论和语言学要点,请考虑西方哲学经典例子的变体。想象一个名叫"玛丽"的虚拟个体,她被迫通过黑白电视显示屏来感知世界。她成为一名专门研究视力的杰出神经科学家,终于搞懂了有关色彩经验的物理学和神经学的所有知识。但是,假设她最终从黑白电视显示屏的制约中解脱出来,能够看到世界的本来样子后,她将学到新东西,终于知道可感知的色彩什么样。玛丽比其他任何人都更了解色彩体验,但她不知道可感知的色彩是什么。⑮同样,王阳明说,有关疼痛、饥饿、寒冷、善良,你或许知道很多,但除非你有适当的体验,否则你并不真正知道疼痛、饥饿、寒冷、善良。王阳明与玛丽的例子中的显著区别就是颜色体验并没有内因驱动。然而,说一些体验(其中包括痛苦)属于内因貌似合乎常理。

王阳明的学生接着反对,我们谈论知行是分开的,这种话语区分之所以宝贵是因为它反映了道德修身存在两个独立的方面。王阳明承认在语言上区分知和行对于实用目的而言很有用途：

> 世界上有一种愚蠢的人在没有丝毫思考或冥想的情况下冲动行事。因为他们总是盲目肆意地行事，所以有必要跟他们谈谈"知"。还有一种人举棋不定、犹犹豫豫；他们在真空中思索，根本不愿意采取具体行动，因为他们只是在阴影和回声中摸索，所以有必要跟他们谈谈"行"。⑲［"世间有一种人，懵懵懂懂的任意去做，全不解思维省察，也只是个冥行妄作，所以必说个知，方才行得是。又有一种人，茫茫荡荡，悬空去思索，全不肯着实躬行，也只是个揣摸影响，所以必说一个行，方才知得真。此是古人不得已，补偏救弊的说话。"（王阳明《传习录》第五篇）］

不过，王阳明认为从语言上区分知与行和承认它们是统一活动的两个组成部分并不矛盾："我说过，'知'是'行'的意图，'行'是'知'的工作，'知'是'行'的开始，'行'是'知'的完成。一旦了解这一点，如果有人说'知'，行已经存在，或者如果说'行'，'知'的概念已经存在。"（"某尝说知是行的主意，行是知的功夫；知是行之始，行是知之成。若会得时，只说一个知，已自有行在；只说一个行，已自有知在。"王阳明《传习录》第五篇）⑳我们或许说，知行就像一条弧形曲线的凹面和凸面在语言上分得开但在本质上分不开。

评论王阳明的论证，我们能够看到为什么我的老师，已经过世的伟大汉学家、斯坦福大学讲座教授倪德卫（David S. Nivison，1923—2014）评论说，"有时候，王阳明的某些文章几乎可以成为像《分析》之类当代哲学杂志的可接受的简短注释"㉑。然而，重要的是，我们要承认王阳明的要点并不纯粹是理论探讨。他所关心的是这样一种特别危险的现象。

> 人们将"知"和"行"分成两个不同任务来做,并认为首先必须"知",只有这样才能"行"。他们说:"现在,我将完成知道、研究和学习的任务。一旦获得了真知,我就采取行动。"所以,直到他们生命结束也不会行动,直到生命结束,他们也不会知道。这不是小问题,也不是昨天才出现。我目前说的知行合一就是对症下药。[18]
> ["今人却就将知行分作两件来做,以为必知了,然后能行。我如今且去讲习讨论做知的工夫,待知得真了,方去做行的工夫,故遂终身不行,亦遂终身不知。此不是小病痛,其来已非一日矣。某今说个知行合一,正是对病的药。"(王阳明《传习录》第五篇)]

王阳明心中想的是朱熹的追随者,但是他的要点对当今具有相关意义。加州大学河滨分校哲学系教授埃里克·施维茨格贝尔做了实证研究,专门探讨学习和讲授伦理学与实际的伦理行为之间的关系。他承认这个数据有限,但是到现在为止,他还没有发现伦理学理论学习与符合道德的行为之间有任何正相关关系。[19]王阳明可能认为这证明了他的观点:伦理学抽象的、理论性的学习并不会让你成为道德高尚的好人。但是,王阳明坚持认为,西方伦理学中错误的不是它试图让人们变成好人,而是它没有尝试正确的方式。如果我们有兴趣让伦理学和政治哲学课程产生重大的影响,就值得看看其他儒家哲学如程颐、程颢、朱熹、王阳明在此话题上都说了些什么。

只是提醒一下各位:儒家强调,要为道德发展奠定基础,政府有责任确保人民的基本生活需要得到满足(衣食、免于恐惧的自由、公共生活的可能性），人人都接受教育，不仅掌握基本技能，而且通过社交生活学到仁义和诚信，每个能从高等教育受益的人都有机会接受教育（无论其社会地位如何）。关于伦理教育的构成，孔子本人说："如果你只学习不思考，你就会迷惘。而如果你一味思考而不学习，你就会陷入危险。"（"学而不思则罔，思而不学则殆"。《论语》为政第二第 15 节）⑩正如艾文贺（Philip J. Ivanhoe）所说，后世儒家同意这个说法，但强调了侧重于学习典籍和跟着教师学习而不是独立思考。⑩你可能已经猜到，像王阳明那样主张发现模式修身的哲学家往往强调思考，而像荀子这样主张重塑模式修身的哲学家则更多强调学习。

当代美国哲学家在接受中国伦理教育的另外两个方面时可能困难最大。（但是，这些也许是真正伦理转型的必要的东西？）首先，中国哲学家认为，实践活动——包括冥想、公共礼仪、甚至我们今天所描述的"勤工俭学"——在伦理学习中扮演着像思想活动一样重要的角色。另外，牢记这一点至关重要，学习伦理学的最终目标是成为更好的人和改造社会，而不仅仅是学习理论。（我会在第五章时再次提到这个话题。）

其他观点

我希望本章的读者能发现一些他们同意的东西或至少发现一些有趣的概念可能性。但是，本章仅在几页内讨论了微妙而复杂的问题，所以如果你没有发现想要挑战的任何问题，我会感到惊讶。（事实上，如果你没有任何问题或反对意见，我会对你感到失望。正如朱熹所说，"若用工粗卤，不务精思，只道无可疑处，非无可疑，理会未到，不知有疑尔"。）（《朱子语类》读书法上）⑩但是，我在文中涉及的一种东西，我确信无疑。（这倒不是我经常使用的短语。）佛家、儒家和理学家的文章显然可以与英美-欧洲哲学著作展开建设性的对话。即使你不同意他们的观点也没关系,哲学本来就不是只教你所认同的哲学家。(我长期讲授笛卡尔、霍布斯、休谟、罗素和萨特的哲学思想,我认为他们每个人的哲学思想都有严重的或者根本性的错误。)所以,在看完本章后,别告诉我佛家、儒家和理学家们不是真正的哲学家。

　　鉴于个人能力以及篇幅的限制,我只谈论了英美-欧洲主流外的少数几位哲学家。然而,任何对印度哲学有基本了解的人都知道,就方法论和主题而言,即使按照英美-欧洲哲学能提供的最严苛的标准来看,毫无疑问它也是哲学。随便翻开一本书!(起点可以从我在个人网站上 http://bryanvannorden.com 列出的较少被讲授的哲学的参考书目。)非洲裔美国哲学、女性主义者哲学、伊斯兰哲学、犹太哲学、拉美哲学和性少数群体哲学等都受到英美主流哲学传统的影响,所以毫不奇怪它们可以很容易地融入美国高校的课程。我对非洲哲学和美洲土著哲学了解得最少。但是,有几个例子说明它们多么容易被纳入对话之中。詹姆斯·马菲(James Maffie)精彩的《阿兹特克哲学》(*Aztec Philosophy*)是对前哥伦布形而上学形式所做的详尽的哲学介绍,它与西方大部分地区的个人主义形而上学特点以及我们在中国佛教或理学中发现的一元论版本具有极大差异。在《人与地方的舞蹈》(*The Dance of Person and Place*)中,托马斯·诺顿-史密斯(Thomas M. Nonon-Smith)利用尼尔森·古德曼(Nelson Goodman,1906—1998,20 世纪杰出的分析哲学家)的哲学理念来了解美国土著人肖尼(Shawnee)部落的思想。[⑭]以更具大陆视角的观点来看,戴尔·特纳(Dale Turner)所著的《这不是和睦烟斗》(*This is Not a Peace Pipe*)利用批判理论资源来了解美洲原住民的政治状况。[⑮]对于土著哲学家有关各种话题的著作选集可参阅安娜·沃特斯(Anna Waters)编著的《美洲印第安人的思想》（*American Indian Thought*）。说到非洲哲学，科瓦米·格叶柯（Kwame Geyeke）的《论非洲哲学思想》（*An Essay on African Philosophical Thought*）讨论了阿坎人（Akan）的概念范式，他认为该范式提供了一种与任何西方体系不同的社群主义伦理学形式。科瓦西·维尔都（Kwazi Wiredu）的《哲学与非洲文化》（*Philosophy and an African Culture*）解决了英美-欧洲传统暴露的各种问题，包括对马克思主义和关于各种真理理论，包括绝对能被理解的拉姆齐的冗余论文和杜威的"有保证的可断定性"（warranted assertibility）真理概念的批评。[19]即使你坚持认为美国土著人的思想或非洲思想不是哲学，这些书籍至少会为你提供一种方法，这种方法将从他们的传统中提取的例子融入到哲学课程之中。总而言之，用解读孟子的话：

> 在目前情况下，你的哲学探索足以谈及从苏格拉底和萨特，但是，好处没有触及孔子或佛陀、肖尼人或阿坎人。为什么单单这个案例不一样？因此，你没有成为多元文化哲学家是不为也，非不能也。

在前两章中，我提出了一些多元文化哲学途径的理性论证。然而，并非所有信仰都是理性的，或出于一些能意识到的理由去坚持。在下一章中，我将试图表明，竭力在英美-欧洲哲学与所谓的非哲学思想之间划出一条清晰的边界完全就是更广泛的排外的、沙文主义的、民族主义的和种族主义模式的表现，他们竭力区分"我们"与"他们"。

注释
① 本章卷首铭文选自泰勒提乌斯的《自虐者》第一幕第一场（Terence，*The Self-*

Tormentor，act 1，scene 1)和孔子《论语》颜渊第十二章第五节。

② 马基雅维利(Machiavelli，1469—1527)也是现代政治哲学创始人之一。

③ See Descartes，"Third Set of Objections，by a Famous English Philosopher，with the Author's Replies," in *Philosophical Essays and Correspondence*，ed. Roger Ariew (Indianapolis：Hackett，2000).

④ Thomas Hobbes，*Leviathan: Parts One and Two*，ed. Herbert W. Schneider (New York：Macmillan，1958)，"Of Darkness from Vain Philosophy and Fabulous Traditions," 9.（出于方便读者的考虑，我删掉了原文引用中的圆括号。）

⑤ 大卫·休谟(David Hume，1711—1776)对实体论者的"自我"观点提出了特别有趣的批评。这种自我观常常被比作佛教观点。我认为它是对休谟的佛教阐释的一种决定性评论。请参阅：Ricki Bliss，"On Being Humean About the Emptiness of Causation," in *The Moon Points Back*，ed. Yasuo Deguchi，Jay Garfield，Graham Priest，and Koji Tanaka (New York：Oxford University Press，2015)，67–96。

⑥ 更准确地说，笛卡尔认为，灵魂和物质都依赖于第三种物质即神而存在。

⑦ Aristotle，*Categories*，1.5.

⑧ 亚里士多德在《形而上学》第六册中努力解决物质的概念，但似乎没有得到任何结论。

⑨ René Descartes，*Meditations on First Philosophy*，trans. Donald A. Cress，3rd ed. (Indianapolis：Hackett，1993)，second meditation，21.

⑩ Aristotle，*Metaphysics*，7.3.

⑪ Descartes，*Meditations*，22. 是的，他说的是"机器人"(*automata*)。17 世纪的欧洲出现了简易的机械机器人，也引起了很多讨论。

⑫ Ibid.，22.

⑬ Ibid.，21.

⑭ 关于这个话题的一些主要研究途径的颇具可读性的调查，请参阅：John Perry，*A Dialogue on Personal Identity and Immortality* (Indianapolis：Hackett，1978)。

⑮ Descartes，*Meditations*，21.

⑯ Jay Garfield，*Engaging Buddhism: Why It Matters to Philosophy* (New York：Oxford University Press，2015)，122–174.

⑰ N. K. G. Mendis，trans.，*The Questions of King Milinda: An Abridgement of the Milindpañha* (Kandy，Sri Lanka：Buddhist Publication Society，1993)，29. Cf. Peter Harvey，trans.，*Questions of King Milinda*，in *Buddhist Philosophy: Essential Readings*，ed. William Edelglass and Jay Garfield (New York：Oxford University Press，2009)，272.

⑱ Peter Harvey, trans., "Extract from the *Mahā-nidāna Sutta*, the 'Great Discourse on Causal Links,'" in Edelglass and Garfield, *Buddhist Philosophy*, 271.佛陀的立场不需要拒绝身心同一性理论（我们的精神状态在某种程度上等同于生理状态）。相反，他的论证可以被解释为两难困境：若将自我等同于生理状态，就像我们通常的理解那样，它就违背了自我拥有意识的直觉本能；而考虑到大部分文献反对将自我等同于意识状态，将自我等同于与有意识的生理状态则显得不堪一击。

⑲ Devamitta Thera, ed., *Aṅguttara-nikāya* (Colombo, Sri Lanka: Pali Text Society, 1929), 700, quoted in Walpola Rahula, *What the Buddha Taught*, rev. ed. (New York: Grove Weidenfeld, 1974), 25 - 26.

⑳ Plato, *Cratylus* 402a, quoted in Daniel W. Graham, "Heraclitus," *Stanford Encyclopedia of Philosophy* (Fall 2015 ed.), ed. Edward N. Zalta, http://plato.stanford.edu/archives/fall2015/entries/heraclitus/.

㉑ Mendis, *Questions of King Milinda*, 47 - 48.

㉒ Ibid., 48 - 49.

㉓ Ibid., 29. Cf. Harvey, *Questions of King Milinda*, 272.

㉔ Mendis, *Questions of King Milinda*, 30.

㉕ Ibid., 31. Cf. Harvey, *Questions of King Milinda*, 273.

㉖ Mendis, *Questions of King Milinda*, 31.

㉗ 我在表达自己就如何将无自我教义应用于堕胎问题上的看法。佛教僧人、哲学家和知名人士在此话题上并没有统一的立场。有关不同的视角，请参阅：Damien Keown, *Buddhism and Bioethics* (New York: Macmillan, 1995); Michael G. Barnhart, "Buddhism and the Morality of Abortion," *Journal of Buddhist Ethics* 5 (1998): 276 - 297; William R. LaFleur, *Liquid Life: Abortion and Buddhism in Japan* (Princeton: Princeton University Press, 1994); Damien Keown, ed., *Buddhism and Abortion* (Honolulu: University of Hawaii Press, 1998)。

㉘ 大乘佛教的两个主要哲学派别是中观派和唯识宗。法藏属于华严宗，主要属于中观派，但也结合了其他派别的元素（中国佛教都有这个特征）。请参阅：Jay L. Garfield and Jan Westerhoff, *Yogacara and Madhyamaka: Allies or Rivals?* (New York: Oxford University Press, 2015)。

㉙ Fazang, "The Rafter Dialogue," in *Readings in Later Chinese Philosophy: Han Dynasty to the 20th Century*, ed. Justin Tiwald and Bryan W. Van Norden (Indianapolis: Hackett, 2014), 80 - 86.

㉚ Fazang, "Essay on the Golden Lion," in Tiwald and Van Norden, *Readings in Later Chinese Philosophy*, 88. 这里的"原因"通常被翻译成"条件"，因为这个概念比我们的有效因果关系概念更为广泛。正如椽子和房子的例子里，"条件"包

括了概念依赖性。

㉛ See James Gleick, *Chaos: Making a New Science* (New York：Penguin，2008)，321 – 22.

㉜ Ibid.，9 – 31.

㉝ 正如弗朗西斯・C.库克(Francis C. Cook)解释的那样，"我的'父亲身份'完全依赖于我儿子的'儿子身份'，就像他'儿子身份'依赖于我'父亲身份'一样"。请参阅：*Hua-yen Buddhism: The Jewel Net of Indra* (《华严宗：因陀罗之网》)(State Park：Pennsylvania State University Press，1977)，83。

㉞ Hobbes，*Leviathan*，chap. 4，39.

㉟ Ibid.，chap. 14，112. 霍布斯是否是严格意义上的心理自我主义者是存在争议的。至少,霍布斯认为,人的仁慈和同情如果存在的话也会因太过弱小而不能在维持政治制度及为之辩护方面发挥重要作用。

㊱ Hobbes，*Leviathan*，chap. 13，105.

㊲ Ibid.，chap. 14，110.

㊳ Ibid.，chap. 13，105.

㊴ Ibid.，chap. 13，107. "自然状态"这个术语是约翰・洛克(John Locke，1632—1704)创造的,但也被用来描述诉诸政府建立前的人类状况的其他立场。

㊵ 这只是部分类比,因为《行尸走肉》的有趣之处是它探索了甚至在最绝望的情况下也能找到仁爱、诚信和忠诚的方式。然而,人们一再遭遇的主要人物是那些堕落为霍布斯状态的人如忒耳弥努斯(Terminus)的公民(抱歉我在此捣乱,但是你知道忒耳弥努斯迟早变成坏地方,毕竟被称为"地界")。经典剧作《迷离时空》(*Twilight Zone*)的剧集《庇护所》(1961)对霍布斯的人性观点给予简洁而令人寒心的表达,暗示如果在核战争期间,若庇护所不能庇护所有人时,乡邻之间会发生什么。

㊶ Ibid.，chap. 17，139.

㊷ Ibid.，chap. 15，120.

㊸ *Analects* 2.3 in Philip J. Ivanhoe and Bryan W. Van Norden，eds.，*Readings in Classical Chinese Philosophy*，2nd ed. (Indianapolis：Hackett，2005)，5.

㊹ 礼是儒家能够为西方哲学提供的最引人入胜的概念之一。有关礼的讨论,请参阅：Herbert Fingarette，*Confucius: The Secular as Sacred* (New York：HarperCollins，1972)；Kwong-loi Shun，"*Ren* and *Li* in the *Analects*，" in *Confucius and the "Analects"：New Essays*，ed. Bryan W. Van Norden (New York：Oxford University Press，2002)，53 – 72。

㊺ *Mengzi* 1A1，in Ivanhoe and Van Norden，*Readings in Classical Chinese Philosophy*，117 – 118.

㊻ *Mengzi* 2A6，in Ivanhoe and Van Norden，*Readings in Classical Chinese Philosophy*，129.

㊼ *Mengzi* 7B16, in Ivanhoe and Van Norden, *Readings in Classical Chinese Philosophy*, 155. 从字面意义上说，中国人说“仁也者，人也。”

㊽ Martin L. Hoffman, *Empathy and Moral Development* (New York: Cambridge University Press, 2001).

㊾ Charles Darwin, *The Descent of Man* (Amherst, NY: Prometheus, 1998), pt. 1, chaps. 4 - 5, 100 - 138.

㊿ 有关该话题的经典文章，请参阅：Robert L. Trivers, “The Evolution of Reciprocal Altruism,” *Quarterly Review of Biology* 46 (1971): 35 - 57。特里弗斯的论文经常被错误地解释为论证看似无私的行为实际上是自私的；然而，他的实际观点是“**选择同情他人的感情**来激发利他的行为；……简略地说，接受者的潜在利益越大，同情心就越大，利他主义行为也会越多，甚至是针对陌生人或自己不喜欢的人”。(49，黑体为作者所加)

(51) *Mengzi* 3B9, in Ivanhoe and Van Norden, *Readings in Classical Chinese Philosophy*, 134 - 135.

(52) *Mengzi* 1A7, in Ivanhoe and Van Norden, *Readings in Classical Chinese Philosophy*, 122.

(53) *Analects* 12.18, in Ivanhoe and Van Norden, *Readings in Classical Chinese Philosophy*, 37.

(54) Tiwald and Van Norden, *Readings in Later Chinese Philosophy*, 201. 这里的“物”字面上理解为“身体”，它与西方传统中“物质”的含义颇不相同，但这种差异不会影响我们对论证的把握。

(55) Tiwald and Van Norden, *Readings in Later Chinese Philosophy*, 88. 这里，“达摩”指五蕴之一的一个例子。

(56) 关于对佛家的批判，请参阅韩愈“谏迎佛骨表”和陆象山，“与王顺伯”；关于佛家的回应，请参阅慧远，“沙门不敬王者论”。请参阅：Tiwald and Van Norden, *Readings in Later Chinese Philosophy*。

(57) Tiwald and Van Norden, *Readings in Later Chinese Philosophy*, 174.

(58) President Barak Obama, “Remarks by the President at a Campaign Event in Roanoke, VA,” White House Office of the Press Secretary, July 13, 2012, www.whitehouse.gov/the-press-office/2012/07/13/remarks-president-campaign-event-roanoke-virginia.

(59) 那些被共和党带领着在媒体面前游行示威的愤怒商人从政府的承包合同中获取了巨额利益。请参阅：Andrew Rosenthal, “You Didn't Build That,” *New York Times*, July 27, 2012, http://takingnote.blogs.nytimes.com/2012/07/27/you-didnt-build-that/。

(60) 虽然《鲁滨逊漂流记》(*Robinson Crusoe*)已经成为个人成功的可能性的象征，但是那些真正读过这本小说的人都知道，本书讲述的更多是我们多么依赖传承的

文明(如克鲁索从遇难的沉船中获得救援物品)和对上帝的信仰。(书中也有帝国主义的潜台词)

(61) 关于霍布斯与墨家的相似之处,请参阅拙著:Bryan W. Van Norden, *Virtue Ethics and Consequentialism in Early Chinese Philosophy* (New York: Cambridge University Press, 2007), 163. See also Angus C. Graham, *Disputers of the Tao* (La Salle, IL: Open Court, 1989), 45-46。

(62) Eirik L. Harris, trans., *The Shenzi Fragments: A Philosophical Analysis and Translation* (New York: Columbia University Press, 2016).

(63) 我的描述在细节上与麦金泰尔不同,但我认为他能辨认出我的说法。MacIntyre, *After Virtue*, 3rd ed. (Notre Dame: University of Notre Dame Press, 2007), 51-61.

(64) Jean Baptiste Molière, *The Hypochondriac*, trans. A. R.Waller, in *The Plays of Molière* (Edinburgh: John Grant, 1907), vol. 2, section 5, 235. 1673 年,莫里哀的剧本首演。1651 年,霍布斯将同样的批评用在亚里士多德派对"重量"的解释上:"但是,如果你问他们所谓的重量是什么意思,他们就会提出定义说这是走向地心的一种努力。所以物体下沉的原因就是力图处在下面的一种努力。这就等于是说,物体上升或下降是因为它们本身要这样做。"(此句借自黎思复、黎廷弼译:《利维坦》,商务印书馆,1986 年,第 549 页。——译注) Hobbes, *Leviathan*, chap. 46, 13.

(65) Descartes, *Meditations*, third meditation.

(66) Descartes, *Meditations*, third meditation, 31.

(67) Thomas Hobbes, "An Answer to Bishop Bramhall's Book," in *The English Works of Thomas Hobbes of Malmesbury*, ed. William Molesworth, vol. 4 (London: John Bohn, 1840), 299.

(68) Patrick Suppes, "Aristotle's Concept of Matter and Its Relation to Modern Concepts of Matter," *Synthese* 28 (1974): 27-50. 亚里士多德对科学发展的贡献的更多细节,请参阅本书第四章。

(69) See Jean-Paul Sartre, "The Humanism of Existentialism," in *Existentialism: Basic Writings*, ed. Charles Guignon and Derk Pereboom (Indianapolis: Hackett, 2001), 290-308. 类似立场的另外一种论述,请参阅:R. M. Hare, "A Moral Argument," from *Freedom and Reason*, 1963, reprinted in *Twentieth Century Ethical Theory*, ed. Steven M. Cahn and Joram G. Haber (Upper Saddle River, NJ: Prentice-Hall, 1995), 386-399。

(70) 关于这个话题的文献数量巨大,除了麦金泰尔的《德性之后》之外,还有一些开创性的作品,包括:Elizabeth Anscombe, "Modern Moral Philosophy," *Philosophy* 33 (1958): 1-19; Philippa Foot, *Virtues and Vices* (Hoboken, NJ: Blackwell, 1978); Rosalind Hursthouse, *On Virtue Ethics* (New York: Oxford University

Press, 1999); John McDowell, "Virtue and Reason," *Monist* 62 (1979): 331 - 350; Iris Murdoch, *The Sovereignty of Good*, 2nd ed. (London: Routledge, 2001); Martha Nussbaum, "Non-Relative Virtues: An Aristotelian Approach," in *The Quality of Life*, ed. Martha C. Nussbaum and Amartya Sen (New York: Oxford University Press, 1993), 242 - 270; Michael Slote, *From Morality to Virtue* (New York: Oxford University Press, 1992); and Christine Swanton, *Virtue Ethics* (New York: Oxford University Press, 2003)。

⑦ Aristotle, *Nicomachean Ethics*, trans. Terence Irwin (Indianapolis: Hackett, 1985), 33 - 34 (ii.1, 1103a).

⑦ Ibid., 34 (ii.1, 1103a - b).

⑦ Ibid., 40 (ii.4, 1105b).

⑦ Ibid. (ii.4).

⑦ *Mengzi* 4B19, translation slightly modified from Ivanhoe and Van Norden, *Readings in Classical Chinese Philosophy*, 140.

⑦ See Lee H. Yearley, *Mencius and Aquinas: Theories of Virtue and Conceptions of Courage* (Albany: State University of New York Press, 1990), 59 - 61; Philip J. Ivanhoe, *Confucian Moral Self Cultivation*, 2nd ed. (Indianapolis: Hackett, 2000), 17 - 18, 32 - 33, 59 - 60, 101 - 102; and Jonathan Schofer, "Virtues in Xunzi's Thought," in *Virtue*, *Nature*, *and Agency in the "Xunzi*," ed. Thornton Kline and Philip J. Ivanhoe (Indianapolis: Hackett, 2000), 71 - 72.

⑦ *Xunzi*, "An Exhortation to Learning," cited in Ivanhoe and Van Norden, *Readings in Classical Chinese Philosophy*, 256. 我认为孔子本人认为道德修养是重新塑造,但这在许多阐释者之间引起激烈争论。

⑦ See Eric Schwitzgebel, "Human Nature and Moral Development in Mencius, Xunzi, Hobbes, and Rousseau," *History of Philosophy Quarterly* 24 (2007): 147 - 168. I borrow the terminology of "the what" and "the why" of ethics from Myles Burnyeat, "Aristotle on Learning to Be Good," in *Essays on Aristotle's Ethics*, ed. A. O. Rorty (Berkeley: University of California Press, 1980), 69 - 92.

⑦ See Jean-Jacques Rousseau, *Émile: Or On Education*, trans. Allan Bloom (New York: Basic, 1979); and Martha C. Nussbaum, *Not for Profit: Why Democracy Needs the Humanities* (Princeton: Princeton University Press, 2012), 27 - 46 (passim).

⑧ *Mengzi* 1A7, in Ivanhoe and Van Norden, *Readings in Classical Chinese Philosophy*, 119.

⑧ Ibid., 120.

⑧ David Wong, "Reasons and Analogical Reasoning in Mengzi," in *Essays on the*

Moral Philosophy of Mengzi, ed. Xiusheng Liu and Philip J. Ivanhoe (Indianapolis: Hackett, 2002), 187 – 220.

⑧ 这个观点是倪德卫在一篇开创性的论文中提出来的,请参阅:David S. Nivison, "Motivation and Moral Action in Mencius," in *The Ways of Confucianism*, ed. Bryan W. Van Norden (La Salle, IL: Open Court, 1996), 91 – 119。

⑧ *Mozi* 45, "Lesser Selections," translation mine but see Nivison, "Motivation and Moral Action in Mencius," 97 – 98, for the comparison of Mengzi's use of the term and the Mohist one.

⑧ 森舸澜认为:"为了参与或指导如教育或自我修身这样的抽象过程,我们不可避免地提到某种隐喻模式,而这意味着我们引用的模式将会成为决定实际行动的重要因素。" Edward Slingerland, *Effortless Action: Wu-Wei as Conceptual Metaphor and Spiritual Ideal in Early China* (New York: Oxford University Press, 2003), 270.

⑧ Lu Xiangshan, *Recorded Sayings*, cited in Tiwald and Van Norden, *Readings in Later Chinese Philosophy*, 253.

⑧ Prichard, "Does Moral Philosophy Rest on a Mistake?" in Cahn and Haber, *Twentieth Century Ethical Theory*, 47.

⑧ Ibid., 43n7.

⑧ 现代西方伦理学的崇拜者无疑会认为,我曾短暂地关注过像亨利·西季威克(Henry Sidgwick, 1838—1900)这样更为敏锐的直觉主义者或像休谟这样的自然主义者,他们认为实际推理在手段-目标推理中发挥了实质性作用,并澄清了直觉或情感的潜在对象的本质。我同意我需要说得更多些以便解释为什么我没不满意他们的解释。然而,正如我在本章末尾将指出的那样,关键不在于我们是不是同意谁在佛家、儒家、亚里士多德派、直觉主义者和自然主义者之间的哲学辩论中是正确的。重要的是承认这是哲学辩论。

⑨ *Great Learning*, commentary 6, in Tiwald and Van Norden, *Readings in Later Chinese Philosophy*, 191 - 192.《大学》的评论部分通常被认为是孔子的弟子曾子(5世纪初)所作;然而,最近的学术研究认为,该书的无名作者可以追溯到3世纪末。

⑨ 请参阅《论语》乡党第十·八节(色恶,不食)及《论语》学而第一第三节(巧言令色,鲜矣仁。)和《论语》为政第二·八节(色难)。

⑨ 比如陈荣捷将其翻译成"漂亮的颜色"。Wing-tsit Chan, *A Source Book in Chinese Philosophy*, trans. Chan (Princeton: Princeton University Press, 1963), 89. 陈的译文是当时的巨大成就,但是他的翻译在很大程度上已经被取代。类似的评论也适用于冯友兰的《中国哲学史》,请参阅:Yu-lan Fung, *A History of Chinese Philosophy*, trans. Derk Bodde, 2 vols. (Princeton: Princeton University Press, 1952)。若选择更好的译本,请参阅我列出的"较少

讲授的哲学参考书目"：bibliography of readings on the less commonly taught philosophies at http://bryanvannorden.com。

㊝《论语》子罕第九·十八节。朱熹的正统评论明确地将这篇文章与《大学》联系起来："好好色,恶恶臭,诚也。好德如好色,斯诚好德矣,然民鲜能之。"朱熹《论语集注》,请参阅：Zhu Xi, *Lunyu jizhu*, commentary on *Analects* 9·18, cited in Tiwald and Van Norden, *Readings in Later Chinese Philosophy*, 191n44。

㊞ 有人可能认为这个例子本质上是性别歧视。这当然假定了批评家劳拉·穆尔维在经典论文"视觉快感与叙事电影"中说的"男性凝视"。请参阅：Laura Mulvey, "Visual Pleasure and Narrative Cinema," *Screen* 16, no. 3 (1975)：6–18.《大学》的作者和两千多年的儒家评论者通常将此处的"好色"理解为美人,一个被排除在高等教育和公职之外的女人,对她性渴望是干扰美德的潜在危险。但是,情况比起初设想的更为复杂。历代儒家都非常清楚许多皇帝是受到英俊男色的影响而导致灾难的。而且,当今的男女读者已经对受到性欲吸引的人表达同情,虽然他们对性欲的概念化会依据自己的口味而有所不同。

㊟ Wang Yangming, "Questions on the *Great Learning*," cited in Tiwald and Van Norden, *Readings in Later Chinese Philosophy*, 241–242 (glosses in original translation).

㊠ 伦理学中存在一个经典的辩论,即统一与冲突是心理健康的理想状态。当耶稣要求恶魔说出自己的名字时,他回答说："我名叫群,因为我们多的缘故。"(钦定版圣经《马可福音》第5章第9节)这表明邪恶的内部分裂。另一方面,在《自我之歌》中,诗人沃尔特·惠特曼(Walt Whitman, 1819—1892)在庆祝精神冲突时问道："我自相矛盾吗？/很好,我的确自相矛盾,/我辽阔无边,我包罗万象。"Walt Whitman, "Song of Myself."

㊡ Cheng Yi, *Er Chengji* (Beijing：Zhonghua shuju, 2004), 1：16, cited in Tiwald and Van Norden, *Readings in Later Chinese Philosophy*, 159.

㊢ *Great Learning*, classic, in Tiwald and Van Norden, *Readings in Later Chinese Philosophy*, 189 (emphasis mine)

㊣ Zhu Xi, *Zhuzi yulei* (Beijing：Zhonghua shuju, 1986), 1：148, cited in Tiwald and Van Norden, *Readings in Later Chinese Philosophy*, 181.

⑩⓪ 倪德卫是第一个注意到意志薄弱作为中国哲学议题的重要意义的人。请参阅：David S. Nivison, "The Philosophy of Wang Yangming," in *The Ways of Confucianism*, by David S. Nivison, ed. Bryan W. Van Norden (Chicago：Open Court, 1996), 249–260。

⑩① Wang Yangming, *A Record for Practice* (*Chuan xi lu*), §5, cited in Tiwald and Van Norden, *Readings in Later Chinese Philosophy*, 267.

⑩② Wang Yangming, *A Record for Practice*, §5, cited in Tiwald and Van Norden, *Readings in Later Chinese Philosophy*, 267.

⑩ 西方论述内在论的经典作者之一是唐纳德·戴维森,请参阅:Donald Davidson, "How is Weakness of the Will Possible?" in idem, *Essays on Actions and Events*, 2nd ed. (New York: Clarendon Press, 2001), 21 - 42。有趣的是,戴维森在该文集的致谢中感谢了研究中国哲学的著名学者倪德卫(ibid., xx)。

⑩ Wang Yangming, *A Record for Practice*, §5, cited in Tiwald and Van Norden, 267.

⑩ Frank Jackson, "Epiphenomenal Qualia," *Philosophical Quarterly* 32, no. 127 (1982): 127 - 136.

⑩ Wang Yangming, *A Record for Practice*, §5, cited in Tiwald and Van Norden, *Readings in Later Chinese Philosophy*, 268.

⑩ Wang Yangming, *A Record for Practice*, §5, cited in Tiwald and Van Norden, *Readings in Later Chinese Philosophy*, 268.

⑩ Nivison, "The Philosophy of Wang Yangming," 218.

⑩ Wang Yangming, *A Record for Practice*, §5, cited in Tiwald and Van Norden, *Readings in Later Chinese Philosophy*, 268.

⑩ Eric Schwitzgebel, "The Moral Behavior of Ethicists and the Role of the Philosopher," in *Experimental Ethics*, ed. H. Rusch, M. Uhl, and C. Luetge (New York: Palgrave, 2014); Schwitzgebel, "Do Ethicists Steal More Books?," *Philosophical Psychology* 22 (2009): 711 - 725; Schwitzgebel, "Are Ethicists Any More Likely to Pay Their Registration Fees at Professional Meetings?" *Economics and Philosophy* 29 (2013): 371 - 380; Eric Schwitzgebel and Joshua Rust, "The Moral Behavior of Ethics Professors: Relationships Among Self-Reported Behavior, Expressed Normative Attitude, and Directly Observed Behavior," *Philosophical Psychology* 27 (2014): 293 - 327; Schwitzgebel and Rust, "Do Ethicists and Political Philosophers Vote More Often Than Other Professors?" *Review of Philosophy and Psychology* 1 (2010): 189 - 199; Schwitzgebel and Rust, "The Self-Reported Moral Behavior of Ethics Professors," *Philosophical Psychology* 27 (2014): 293 - 327; Schwitzgebel and Rust, "Ethicists' and Non-Ethicists' Responsiveness to Student Emails: Relationships Among Expressed Normative Attitude, Self-Described Behavior, and Experimentally Observed Behavior," *Metaphilosophy* 44 (2013): 350 - 371; Eric Schwitzgebel, Joshua Rust, Linus Huang, Alan Moore, and Justin Coates, "Ethicists' Courtesy at Philosophy Conferences," *Philosophical Psychology* 35 (2012): 331 - 340.

⑪ *Analects* 2.15, cited in Ivanhoe and Van Norden, *Readings in Classical Chinese Philosophy*, 6.

⑪ Ivanhoe, *Confucian Moral Self Cultivation*.

⑬ Zhu Xi, *Zhuzi yulei*, 190, cited in Tiwald and Van Norden, *Readings in Later Chinese Philosophy*, 184.

⑭ Thomas M. Norton-Smith, *The Dance of Person and Place: One Interpretation of American Indian Philosophy* (Albany: State University of New York Press, 2010).

⑮ Dale Turner, *This Is Not a Peace Pipe: Toward a Critical Indigenous Philosophy* (Toronto: University of Toronto Press, 2006).

⑯ Kwazi Wiredu, *Philosophy and an African Culture* (New York: Cambridge University Press, 1980).

第三章

特朗普的哲学家

第三章

特朗普的哲学家

我将在南部边界竖起一座伟大的"长城"(隔离墙)。

——唐纳德·特朗普

不到长城非好汉。

——毛泽东

我认为你不得不承认这是一座雄伟的长城。

——理查德·尼克松①

唐纳德·特朗普(Donald Trump)多次承诺要在美国和墨西哥边境修建隔离墙,罗纳德·里根也承诺要保护"州权"。保守派知识分子警告高等教育正在背叛"西方传统",包括那些自认为政治进步人士在内的当代哲学家们都认为,西方哲学传统可追溯到柏拉图和亚里士多德,在此经典之外的任何东西都不是"真正的"哲学。

他们都在修筑隔离墙。

尽管这些阵营在许多事情上意见不一，但每个阵营都在运用种族中心主义和沙文主义的文化观点来区分"我们"和"他们"，清晰地表明"我们"是理性的、自我克制的、公正的、文明的，而"他们"是不讲逻辑的、情绪激昂的、不公正的和野蛮的。这种言论有时候直言不讳，有时候隐晦得如同密码。他们中有些人完全清楚自己的行为；另一些人则是下意识地吸收了某种世界观，如果他们看清了这种世界观的真面目也许会拒绝它。有时候他们试图迎合听众的心意，将其观点隐藏在一些根本没有事实根据的神话中，说什么高贵的野蛮人、奇特精巧、天真无邪、没有受到西方思想影响的扭曲变形等，但是，恰恰由于这个原因将这些人排除在对话之外。所有这些其实都是修筑和维护隔离墙的伎俩。

美国政治中构筑种族隔离墙

特朗普将其建议修筑的美国—墨西哥边界墙比作中国的长城，无论在宏伟程度还是可行性方面。他本应该更多了解一点儿中国历史的：长城大约在 1570 年完成，到了 1644 年，清朝统治者入关，很难说长城是成功的典范。特朗普为何还想筑墙呢？[2]筑墙的理由是阻止墨西哥非法移民："他们携带毒品。他们引发犯罪。他们是强奸犯。"[3]而现实情况是，自 2007 年以来，居住在美国的墨西哥非法移民数量一直在稳步下降。[1]换句话说，来自墨西哥的非法移民一直在不断离开美国，所以，如果边界墙还能有些用途的话，那恰恰是将非法移民留在了美国。此外，从整体上看，移民并未比在美国本土出生的人更容易犯罪。由于没有建造隔离墙的真正的政策上的理由，这个政策在特朗普支持者中赢得广泛支持的唯一解释是这堵墙的象征性意义，即把"我们"与

"他们"分割开来。⑤特朗普赢得共和党提名，并在 2016 年赢得总统大选，其意外成功令世人震惊，也颠覆了传统政治智慧，人们不由得认定特朗普是畸变奇葩。事实上，特朗普只是公然诉诸民族中心主义的愤怒和恐惧而已，之前的主流政治人物即便没有明目张胆地怂恿，至少也从中获利。⑥

1980 年里根竞选总统时，他的首批竞选演说之一发生在尼肖巴县（Neshoba County）博览会上。在他之前没有任何总统候选人在此场所发表过演讲，因为没有任何理由选择在此地，里根是唯一的一位。博览会现场距离密西西比州的费城几英里，1964 年，三名民权人士在这里遭到当地执法官员直接参与的谋杀，其"罪行"就是为非洲裔美国人登记投票。里根在尼肖巴演讲时宣称他支持"州的权利"。公然鼓吹种族隔离的南部各州民主党人的官方名称是"州权民主党"，所以，这个信息对里根的听众来说是心知肚明的。⑦我肯定有些人投票支持共和党的理由是他们将"州的权力"解读为对有限政府的原则性承诺。但是，这样做对大多数人来说，该术语真正意味着什么，却不得而知。

如果人们对里根呼吁背后的种族主义仍有任何怀疑，他们的幻想应该被里根和布什总统的高级政治战略师，后来担任共和党全国委员会主席的李·阿特沃特（Lee Atwater, 1951—1991）的坦白而彻底击碎了。在一次臭名昭著、开诚布公的采访中，阿特沃特承认共和党有意识地决定使用代码语言来迎合种族主义选民：

从 1954 年开始，你们大喊"黑鬼，黑鬼，黑鬼"。到了 1968 年，你们禁止说"黑鬼"——因为这伤害了你们。可是适得其反。所以你们说什么像校车强制载人政策（以前在美国，黑人学生和白人学生去不一样的学校。后来有了这种校车政策，即把白人学生送去黑人社区，把黑人学生送去白人社区，以便反对在教育上的种族歧视）、州权等……我想说的是，正是越来越抽象和越来越隐晦的话语让我们以这样那样的方式清除种族问题。你明白我吗？因为显然围坐在一起说"我们要废除这个"要比校车事件更抽象，当然比"黑鬼，黑鬼"之类话语抽象很多。⑧

如果考虑到之前的事实，我们就会看到清晰的画面浮现在眼前。林肯的政党与魔鬼做交易，赢得了那些渴望在种族之间构筑隔离墙的选民。

筑墙保护西方文明

保守派评论员马特·刘易斯（Matt K. Lewis）在其近期出版的一本名为《愚蠢至极》（*Too Dumb to Fail*）书中提道："当今美国保守运动的肮脏秘密：人人都知道它已经丧失了思想内涵。"⑨刘易斯指出，在茶叶党兴起之前，"保守派运动崛起的故事是深刻而伟大的理念之一。这些观念讨论了有关人性和文明崛起的严肃的问题"⑩。具体来说，"保守主义是要保护**西方文明的精华**……那是一种信仰，即认为**西方文明**不只是意外发生了，而是祖先智慧积累的结晶。那是一种认识，即**西方**文明及其机构自然进化，这一长期的传统必须保持下去"⑪。上述引文中的黑体字是我的观点，但是我认为他们并没有不公平地扭曲了话语的隐含意义：与其他文明相比，西方文明有其特殊之处，独特的西方文化正面临威胁，有些人企图通过加入其他一些东西来淡化稀释这种文化。刘易斯警告说："从音乐界到美食写作和游记写作等文化的各个方面都由左派人士把持着。"⑫文化的破坏并不止于此："保守派还担心体育运动的'女性化'。"⑬（真的，每次看超级碗时，我都只得摇头，不无伤心地喃喃自语："像个男子汉的样子！别像个妞一样！"）

刘易斯追踪研究了保守主义的发展史，代表性作品从亚里士多德的《政治学》（*Politics*，公元前 4 世纪）到和埃德蒙·伯克（Edmund Burke，1729—1797）的《法国大革命沉思录》（*Reflections on the Revolution in France*，1790 年）。在我看来，亚里士多德不太可能成为当代保守派的盟友，因为他相信国家应该负责培养孩子们养成良好的习惯。对于那些决定在家教育孩子以"保护"孩子免遭社会化的原教旨主义父母，或者那些想放任教育于不确定的自由市场的人，亚里士多德采取零容忍的态度。关于国家在培养教育青少年的责任问题上，亚里士多德的立场更接近希拉里·克林顿（Hillary Clinton）的口号："养育孩子需要全村人的共同努力。"此外，当代保守主义的反智主义（刘易斯深感惋惜，我们将在第四章中进行探讨）与亚里士多德的幸福生活观截然相反。亚里士多德认为体力劳动和经商是支撑文明必不可少的因素，但是，对培养贵族绅士没有多大价值，贵族应该把时间花在纯粹的知识追求上。在亚里士多德看来，财富不是用于个人挥霍，而是用于教育，让人们有闲暇用来思考、讨论和研究。不出所料，亚里士多德认为富豪统治（财阀统治）是最糟糕的政府管理形式之一，所以金钱在当代美国政治中的影响力之大很可能令他惊骇不已。

埃德蒙·伯克是为保守主义带来灵感和更大前景的人。法国大革命使伯克惊恐不已，他强烈地预感到这场革命会演变成为一场混乱和暴力的狂欢。伯克说，我们应该吸取的教训是人类机构逐渐发展演变以满足人类的需求，而我们并不能充分理解其工作原理和方式。因此，按照乌托邦理想彻底改造社会将会造成不可预见的危险后果。对于真正激进的乌托邦方案而言，伯克的看法是正确的。正如刘易斯注意到的那样，俄国革命的恐怖程度与法国大革命一样糟糕。

　　然而，有一个问题是尝试将亚里士多德和伯克结合起来。对于许多当代亚里士多德主义者而言——从天主教哲学家麦金太尔到进步的世俗主义者玛莎·努斯鲍姆——亚里士多德主义的灵感恰恰是它并非"先验"真理的静态目录（如刘易斯所言），而是一个可根据新经验（包括接触新文化）进行修改和完善的框架。[⑭]麦金太尔解释道：

> 　　在保守派政治理论家提出的传统观念被用于实现意识形态目的的情况下，我们容易被误导。典型的情况是，这些理论家遵循伯克的对比方法，对比传统与理性，对比传统的稳定性与冲突。这两个对比都混淆不清……重要的是，传统若具有生命力，则体现冲突的持续性。事实上，当传统变成伯克式时，传统就已经死亡或者濒临死亡了。[⑮]

此外，试图将伯克的观点应用到美国的主流政治分歧中是完全错误的。渴望同工同酬的女性并不想以忍受上司的触摸和媚眼等潜规则作为获得工作机会的条件。她们并不都像德伐日太太（Madame Defarge）[*]那样兴高采烈地将许多无罪的贵族送上断头台。渴望行使投票权或期望在例行交通站点受到跟白人同样待遇的非洲裔美国人并没有破坏法治的基础：他们是在要求全面参与法治进程。西班牙裔和拉美裔人士渴望自己的公民身份和道德标准获得认可而不是遭到挑战，他们并不像俄国革命中的谋杀者，无辜的人如沙皇尼古拉二世（Nicholas Ⅱ of Russia，1868—1918）及其家人被靠墙站成一排然后被处决。现在可以

---

　　[*] 英国小说家狄更斯《双城记》中的人物。

结婚并领养孩子的同性恋者并没有破坏人类最古老的婚姻制度,他们很乐意融入其中。转向本书讨论的主题,我们很难明白给学生机会使其在学习柏拉图主义之外学习佛教或学习亚里士多德哲学之外学习儒家怎么就导致"活人献祭,狗猫同居,集体癫狂"[《捉鬼敢死队》(*Ghost Busters*)原版电影中,比尔·默瑞(Bill Murray)这个角色的经典台词]的难堪局面呢?

　　在我看来,从法国大革命和伯克对革命的深刻见解中可吸取的最宝贵的教训是:一个不能面对局势变化和社会压力逐渐演变适应的社会,终将遭遇突然的和灾难性的动荡。法国、俄国之所以发生暴力革命是因为当权者不同意做适度的改变。这些国家陷入暴力和混乱是因为长期以来任何变化都被严格禁止造成的。当下坚持认为"我们课堂上已经拥有有色人种学生了。还记得去年那个学生吗?"的哲学教授其实表达了我们这个时代的"百姓没有面包吃,可以吃糕饼啊"的态度＊(记住第一章引用的斯多葛派箴言:"心甘情愿者,被命运之神带着走;挂三阻四者,将被命运之神拖着走。")。

　　刘易斯是美国保守派知识分子中的一员,其思想强调保护西方文明。这些知识分子中包括威廉·巴克利(William F. Buckley,1925—2008),此人在 1951 年出版的著作《耶鲁的上帝与人》(*God and Man at Yale*)中指责母校的教授破坏了学生对基督教和自由放任资本主义的信仰。⑮巴克利表达了保守派本科生在面对自由派教授时的愤慨,而艾伦·布鲁姆(Allan Bloom,1930—1992)在 1987 年出版的《走向封闭的美国精神》(*The Closing of the American Mind*)中则生动地描述了保守派教授的经历,他发现自己终身讲授和研究的传统经典正在遭受学

＊　据说这句话出自法国大革命前夕的法国王后玛丽·安托瓦内特(Marie Antoinette),用以讥笑王室不知民间疾苦。革命爆发后,她被送上断头台。

生煽动者的攻击。[⑰]这两本书都出人意外地成了畅销书，布鲁姆的书与我们探讨的话题密切相关。

对于布鲁姆的沮丧，我并非毫不同情。那时我是斯坦福大学的研究生，本科生们占领了校长办公室，反复高喊："嘿嘿，呵呵！西方文化滚蛋吧！"并用首字母缩略语"DEWM"来描述课程讲授的全都是死去的欧洲白人男性的著作。[⑱]尽管我（显然）完全支持扩展课程范围，但这并不是因为我不热爱西方传统中的精华。而且，我学生的评论意见和行为的确表现出一种蔑视、无知和不屑，这让我感到很难受。我假定在平行的宇宙中，我是留着山羊胡子的教育原教旨主义者。[这里提及的是科幻小说《星际迷航》（*Star Trek*），读这本书的人不太可能是个书呆子。]

然而，我不赞同布鲁姆对此问题分析的实质方面。布鲁姆尖刻地抱怨说：

> 如今培养年轻人的方法之一是要求大学开设非西方文化的课程。虽然讲授这类课程的许多人都是热爱自己研究领域的真正学者。[⑲]无论如何，我认为这个要求……有蛊惑人心的意图。关键是迫使学生意识到还有其他思维方式，而西方的思维方式未必更好……这样的要求是建立世界共同体并为之培养成员（无偏见者）的努力的组成部分。

许多读者可能不知不觉地点头表示赞同，也想知道究竟出了什么问题。布鲁姆回应说，无论对于个人还是社会的幸福而言，一定程度的民族中心主义是必要的：

人们必须热爱和忠诚于自己的家族和人民以便很好地保护他们。只有在认为自己的东西最美好时,他们才会感到心满意足。一个父亲肯定更喜欢自己的孩子而不是他人的孩子,同样,一个公民更喜欢祖国而不是其他国家。这就是为什么需要神话来使这些情感归属合法化。人需要用以定位自己的位置和观点……问题在于拥有内在的、拥有族群、拥有文化、拥有一种生活方式,比如何与外人相处(有时还会发生冲突)更重要。[20]

简而言之,为了使文化继续存在并且繁荣昌盛,该文化的成员需要相信"自己的生活方式是最好的,而所有其他生活方式都低劣",哪怕依靠神话来维持这种民族中心主义也在所不惜。[21]

因此,布鲁姆有关学习西方文明经典的重要性的观点与刘易斯和巴克利等传统保守主义者的观点截然不同。布鲁姆并不信奉圣经具体的价值观或自由市场制度,或信仰上帝等。布鲁姆觉得重要的是,我们要接受"我们的"文化传统教育,充满敬意地与伟大经典对话来避免精神浅薄和伦理虚无主义。这些经典包括柏拉图的《理想国》(*Republic*)、亚里士多德的《尼各马可伦理学》(*Nicomachean Ethics*)、奥古斯丁的《忏悔录》(*Confessions*)、笛卡尔的《第一哲学沉思录》(*Meditations on First Philosophy*)、帕斯卡的《思想录》(*Pensées*)、霍布斯的《利维坦》(*Leviathan*)、洛克的《政府论》(*Second Treatise of Civil Government*)、卢梭的《爱弥儿》(*Emile*)(每本书在布鲁姆的书中都有讨论)。布鲁姆非常清楚这场对话中激烈的观点冲突(如尼采和海德格尔),对他来说,人们只要(谦恭地)为该传统补充自己的观点即可,至于你更喜欢谁的观点并不那么重要。但是,这也导致布鲁姆观点中根本性的自相矛盾。他指出:"圣经不是武装头脑的唯一手段,但是若没有这样一本有类似分量的书，潜在的信徒即便认真而虔诚地阅读，也仍然会缺乏根基。"②其实我很赞同这一点，不过重点是修饰语"一本有类似分量的书"。如果仔细和认真地阅读《圣经》，自己的思想在广度和深度上真的有所提高（当然如此），为何不能也读读《孟子》或《薄伽梵歌》或《仮名手本忠臣蔵》(*Chushingura*)*呢？世界上的"伟大对话"不止一种，武装头脑的方式也不止一种。

除了呼吁虔诚地重新研究西方传统经典之外，布鲁姆还说了很多令美国保守派听起来很受用的话。他断言，平权法案导致大学招收"大量明显不合格的准备不足的学生"，因此，学校面临进退两难的窘境："要么让大多数学生不及格，要么放水通过，学生却没有学到任何东西。"③我还没有经历过布鲁姆指控的那种两难困境。（我怀疑对布鲁姆来说，这是自我实现的预言：如果你不期待班上的某组学生表现良好，他们很可能真的不好好学习了。）此外，平权法案讨论中通常会遗漏的是，即使种族不再是未来招生中的因素，那些相互竞争的学院或大学决不会承认仅仅以标准化考试和高中成绩为录取依据。很明显，像SAT 和 ACT**,这样的标准化考试并不能很好地预测学生在大学的成绩如何。因此，许多成绩优异和考试分数高的申请者会申请竞争激烈的大学，而这些大学几乎都不得不用其他标准来甄选学生。此外，在本科生阶段，运动员的平权法案影响让种族的平权法案影响相形见绌。这对教育会产生积极影响吗？布鲁克·特纳(Brock Turner)是游泳冠

---

* 日本歌舞伎中最优秀的剧目之一，说的是 47 位堪称楷模的忠臣义士的故事。

** 前者是由美国大学委员会(College Board)主办的考试，其成绩是世界各国高中生申请美国大学入学资格及奖学金的重要参考,最初名为"学术倾向测试"（Scholastic Aptitude Test）,后来改称"学术评估测试"（Scholastic Assessment Test）;后者为美国大学入学考试(American College Test)是对学生综合能力的测试标准也是美国大学的入学条件和大学发放奖学金的主要依据,两者都被称为美国高考。

军,他依靠运动奖学金进入斯坦福大学,2015 年性侵了一名昏迷的女性。㉔他的案件引起了媒体广泛关注,但是,这很难说有任何罕见之处。54%的学生运动员承认有过性侵。㉕(还有多少人对自己所做的事并无清醒的自我意识?)取消运动员平权法案的呼声在哪里? 此外,名牌大学继续优先照顾校友子女。例如,乔治·W. 布什(George Walker Bush)成绩不佳,SAT 成绩平平。他之所以能进入耶鲁大学几乎完全是基于他的"遗产"(他父亲和祖父都是耶鲁毕业生)。唐纳德·特朗普之所以能转到一所常春藤大学商学院学习是因为沃顿商学院招生官员是他哥哥高中时的好朋友。人们对这种基于阶级的平权法案的愤怒又在哪里?㉖

事实是,不是每个人都付得起多次参加标准化考试的费用;不是每个人都能付得起辅导课程的费用;不是每个人都有钱请编辑来修改他们的申请文章。最重要的是,不是所有人都知道还有这些选择。㉗这些年来,我觉得自己一直很幸运,教过许多学生,他们有不同的种族和社会背景,都非常聪明而且富有激情。但是,我也教过像乔治·W.布什和唐纳德·特朗普这样的学生:有钱的白人,写作和阅读理解能力顶多也就是中等水平,进教室上课时能闻到抽大麻的味道,几乎对所学的课程根本不上心,因为他们很清楚依靠家庭关系就能在毕业后得到一份好工作。谢谢了,我宁愿有努力为自己和家人创造更美好未来的第一代大学生。

布鲁姆为西方经典辩护,批判平权法案,蔑视同事和学生所谓的道德松懈,所有这些使他成为保守派圈子的大明星。然而,布鲁姆与保守主义的联系却有一个极具讽刺意味的情况。共和党一直对同性恋的权利采取激烈反对的强硬立场。在布鲁姆出版《走向封闭的美国精神》的20 年前,威廉·巴克利曾在电视辩论中公开谴责小说家戈尔·维达尔

(Gore Vidal，1925—2012)是"酷儿"（早在这个词被用来指代同性恋者之前）。㉘在艾滋病危机的早期，在被问到政府会采取什么措施解决艾滋病在同性恋社区中迅速蔓延的问题时，里根的新闻秘书只能开玩笑应付过去。㉙2016 年，美国历史上反对同性恋群体的最致命的暴力事件发生（在奥兰多同性恋夜总会，一个枪手疯狂滥杀，死亡 49 人，受伤 53 人）后，共和党通过了一个政治纲领，该纲领被支持同性恋者权利的小木屋共和党人谴责为"该党 162 年的历史上最激烈反对同性恋的政纲"。反对婚姻平等、反对同性恋者使用浴室的奇谈怪论，支持揭穿"祈祷同性恋者离开"做法的骗局等都在其中。㉚特朗普的副手迈克·彭斯（Mike Pence）副总统支持禁止同性婚姻的宪法修正案，并表示同性婚姻可能导致"社会崩溃"。㉛然而，布鲁姆逝世后，被他的密友著名作家索尔·贝娄（Saul Bellow，1915—2005）揭露他是同性恋，而且死于艾滋病。㉜评论家麦克斯（D. T. Max）问道："现在，右翼中有多少人想把捐的钱要回来？"㉝

耶利哥墙㉞

像特朗普这样的蛊惑人心者公然表示希望筑墙将不同种族和宗教信仰的人隔离开：早些时候的政客也作出过类似承诺，只不过用了暗语。美国的一些保守派知识分子想把他们眼中的西方个人主义理性哲学与世界其他地区的破败哲学区分开来。

许多西方哲学家也类似地在"真正"的哲学和"其他"哲学之间筑墙。正如我们在第一章所看到的那样，那样做有时候是通过宣称"真正"哲学拥有自然科学特有的那种严谨的特征，而其他一切都是诗歌或废话。当然，支持这一观点的哲学家们懒得去真正阅读非西方的或较少讲授的哲学来看看它们到底是否严谨。有时候，"筑墙"是通过规定哲学和哲学问题的解决都必须是希腊哲学的历史后裔而实现的。这种观点认为，哲学就像是神秘密封起来的对话，隐藏在一套特定的古代典籍之中，因而忽略和排除了哲学的多样性和创造性。此类浅薄的论证在分析哲学家和大陆哲学家中都能发现。几乎所有哲学家都会断然拒绝赤裸裸的种族主义。但是，我请同行哲学家们承认，当你们在没有认真调查研究之前就拒绝英美-欧洲传统之外的哲学时，你们已经隐蔽地置身于种族主义者的行列。你正在帮助那些筑墙者和维护者：种族之墙、宗教之墙、文明之墙。这些墙都需要摧毁。让我们从圣经中汲取灵感吧：

> 于是百姓呼喊，祭司也吹角。百姓听见角声，便大声呼喊，城墙就塌陷，百姓就上去进城，各人往前直上，将城夺取。（约书亚书第 6 章第 20 节）

在本章中①，虽然我批评了许多不同类型的知识分子，但我们所有人都有一个共同的敌人：反智主义。反智主义反对所有哲学，认为哲学都是毫无意义或不切实际的东西。我将在下一章对此趋势作出回应。

注释

① 本章卷首语选自：特朗普在 2015 年 6 月 16 日在纽约宣布参加总统大选时的讲话。Donald J. Trump, *Announcement of Presidential Candidacy*, June 16, 2015, New York, NY；毛泽东的诗歌"六盘山"，本书作者英译，中文及其他译本请参阅：Mao Zedong, "Mount Liupan," Willis Barnstone, ed., *The Poems of Mao Zedong* (Los Angeles: University of California Press, 1972), 68 - 69。理查德·尼克松，1972 年 2 月 24 日在长城上与记者的交流，在此背景下，尼克松的

评论并不像听起来那么愚蠢。

② 大选获胜几天后，特朗普承认他说的墙是"部分围墙，部分栅栏"（在《60分钟》节目中接受莱斯利·斯塔尔的采访，题目是"第45任总统"，于2016年11月13日播出）。Lesley Stahl, "The 45th President," *60 Minutes*, aired November 13, 2016. 几周后，他承认部分边境不需要墙，"因为你知道，边界有群山还有其他东西阻隔"。（接受《福克斯新闻》肖恩·汉尼提的采访，2016年12月1日播出）Sean Hannity, *Fox News*, December 1, 2016, http://insider.foxnews.com/2016/12/01/donald-trump-hannity-his-election-victory-message-protesters. 这个版本的特朗普计划不会改变现行政策，因为边界已经有围墙、栅栏还有天然屏障。

③ Trump, Announcement of Presidential Candidacy.

④ Ana Gonzalez-Barrera, "Migration Flows Between the US and Mexico Have Slowed — and Turned Toward Mexico," *Pew Research Center*, November 19, 2015, www.pewhispanic.org/2015/11/19/chapter-1-migration-flows-between-the-u-s-and-mexico-have-slowed-and-turned-toward-mexico/#number-of-unauthorized-mexican-immigrants-declines.

⑤ 美国众议员罗伯特·皮滕格尔（R, NC）的评论说明了美国人的普遍心态。当被问及那些在夏洛特抗议警察开枪的人的动机时，他断言："他们的心中充满委屈、敌意和愤怒，他们憎恨白人因为白人功成名就而他们没有"，请参阅：Representative Robert Pittenger, "NC Congressman: 'Protestors Hate White People Because They're Successful,' " *New York Post*, September 22, 2016, http://nypost.com/2016/09/22/nc-congressman-protesters-hate-white-people-because-theyre-successful/. （视频和照片表明抗议者显然是多种族群体。）

⑥ 自从大选以来，一些保守派人士纷纷表示特朗普的胜利表明了知识分子与美国主流思想的脱节。请参阅：Charles C. Camosy, "Trump Won Because College-Educated Americans Are out of Touch," *Washington Post*, November 9, 2016, www.washingtonpost.com/posteverything/wp/2016/11/09/trump-won-because-college-educated-americans-are-out-of-touch/. 然而，实际情况是，有53%的选民反对唐纳德·特朗普，希拉里·克林顿赢得了大众选票的多数，在30岁以下的美国人和有色人种（美国人口增长最快的部分）中，她赢得了"大联盟"。对于特朗普的支持者来说，未来并不光明。

⑦ Bob Herbert, "Righting Reagan's Wrongs?" *New York Times*, November 13, 2007, www.nytimes.com/2007/11/13/opinion/13herbert.html.

⑧ Alexander P. Lamis, ed., *Southern Politics in the 1990s* (Baton Rouge: Louisiana State University Press, 1999), 8. 阿特沃特的采访是在被鲍勃·赫伯特（Bob Herbert）的社论引用了之后才被主流媒体注意到。请参阅：Bob Herbert, "Impossible, Ridiculous, Repugnant," *New York Times*, October 6,

2005，www. nytimes. com/2005/10/06/opinion/impossible-ridiculous-repugnant. html。采访的录音记录存放在：Rick Perlstein，"Exclusive：Lee Atwater's Infamous 1981 Interview on the Southern Strategy，" *Nation*，November 13，2012， www. thenation. com/article/exclusive-lee-atwaters-infamous-1981-interview-southern-strategy/。

⑨ Matt K. Lewis，*Too Dumb to Fail: How the GOP Betrayed the Reagan Revolution to Win Elections（and How It Can Reclaim Its Conservative Roots）*（New York：Hachette，2016），xii.

⑩ Matt K. Lewis，*Too Dumb to Fail: How the GOP Betrayed the Reagan Revolution to Win Elections（and How It Can Reclaim Its Conservative Roots）*（New York：Hachette，2016），xii.，26.

⑪ Ibid. 刘易斯的书是我读过的介绍温和保守派立场的所有书中最好的一本。但是，并非所有右翼都心怀善意。针对共和党需要扩大人口基数，吸纳老年白人选民之外的新鲜血液的建议，来自爱荷华州的众议员斯蒂夫·金（Steve King）回应道："这个'年长白人'业务的确有些繁忙……请回顾历史并弄清楚，你正在谈论的这些其他类别的人的贡献何在？其他族群在哪些方面对文明作出了更多贡献？"记者克里斯·海耶斯（Chris Hayes）问道："比白人多吗？""与西方文明自身相比，"金回答说，"西方文明根植于西欧、东欧、美利坚合众国以及世界上信仰基督教的每个地方。西方文明就这些。" Interview with Chris Hayes at the Republican National Convention，MSNBC，cited in Philip Bump，"Rep. Steve King Wonders What 'Sub Groups' Besides Whites Made Contributions to Civilization，" *Washington Post*，July 18 2016，www.washingtonpost.com/news/the-fix/wp/2016/07/18/rep-steve-king-wonders-what-sub-groups-besides-whites-made-contributions-to-civilization/.

⑫ Lewis，*Too Dumb to Fail*，98.

⑬ Ibid.，99.

⑭ See ibid.，4；Nussbaum，"Non-Relative Virtues：An Aristotelian Approach，" in *The Quality of Life*，ed. Martha C. Nussbaum and Amartya Sen（New York：Oxford University Press，1993），242–270.

⑮ Alasdair MacIntyre，*After Virtue*，2nd ed.（Notre Dame：University of Notre Dame Press，1984），221–222.

⑯ William F. Buckley，*God and Man at Yale: The Superstitions of "Academic Freedom，"* rev. ed.（Washington：Regnery Gateway，1986）. At a GOP fundraiser during the 1960s，my parents（both lifelong Republicans）met Buckley. My mother gushed，"I love you! I love you! I love you!" Buckley flashed his famous smile and said，"Can't you make up your mind?" 20 世纪 60 年代，在共和党的一次筹款活动中，我的父母（都是终身共和党人）遇到了巴克

利。母亲脱口而出:"我爱你! 我爱你! 我爱你!"巴克利露出他招牌式笑容说:
"你还没有作出决定吗?"

⑰ Allan Bloom, *The Closing of the American Mind: How Higher Education Has Failed Democracy and Impoverished the Souls of Today's Students* (New York: Simon and Schuster, 1987).

⑱ Richard Bernstein, "In Dispute on Bias, Stanford Is Likely to Alter Western Culture Program," *New York Times*, January 19, 1988, www. nytimes. com/ 1988/01/19/us/in-dispute-on-bias-stanford-is-likely-to-alter-western-culture-program. htm.

⑲ 我不敢苟同。

⑳ Bloom, *Closing of the American Mind*, 37.

㉑ Ibid., 36. 布鲁姆的导师是列奥·施特劳斯(Leo Strauss, 1899—1973),他在《城市与人》中也提出了需要神话的类似观点。Leo Strauss, *The City and Man* (Chicago: University of Chicago Press, 1978).

㉒ Bloom, *Closing of the American Mind*, 94.

㉓ Sam Levin, "After Brock Turner: Did the Stanford Sexual Assault Case Change Anything?" *Guardian*, September 1, 2016, www. theguardian. com/us-news/ 2016/sep/01/brock-turner-stanford-assault-case-did-anything-chang.

㉔ Belinda-Rose Young, Sarah L. Desmarais, Julie A. Baldwin, and Rasheeta Chandler, "Sexual Coercion Practices Among Undergraduate Male Recreational Athletes, Intercollegiate Athletes, and Non-Athletes," *Violence Against Women*, May 30, 2016.

㉕ See Jean Edward Smith, *Bush* (New York: Simon and Schuster, 2016), 13-14; and Gwenda Blair, *The Trumps: Three Generations of Builders and a Presidential Candidate* (New York: Simon and Schuster, 2015), 241. 小布什和特朗普不是孤立事件。富人如何靠花钱将自己的子女送进名牌大学的情况,请参阅 Daniel Golden, *The Price of Admission* (New York: Broadway, 2007)。

㉖ 获奖作家詹尼·卡珀·克鲁塞特是家中是第一个上大学的人,她解释说对于她和家人而言,大学的一切都完全不可思议和令人恐惧,包括对大多数学生来说很明显的事,从来都没有人对他们解释过。Jennine Capó Crucet, "Taking My Parents to College," *New York Times*, August 22, 2015, http://nyti. ms/1Lr81YG.

㉗ Bloom, *Closing of the American Mind*, 60.

㉘ Hendrik Hertzberg, "Buckley, Vidal, and the 'Queer' Question," *New Yorker*, July 31, 2015, www. newyorker. com/news/daily-comment/buckley-vidal-and-the-queer-question.

㉙ 1982 年 10 月 15 日,副新闻秘书拉里·斯皮克斯(Larry Speakes)主持的白宫新

闻发布会。请参阅发布会的新闻纪录片：Scott Calonic，"When AIDS Was Funny," December 1，2015，http：//video. vanityfair. com/watch/the-reagan-administration-s-chilling-response-to-the-aids-crisis。

㉚ 该声明是小木屋共和党人（支持同性恋者权利的 LGBT 保守派团体）的主席格里高利·T.安杰洛（Gregory T. Angelo）签名后直接邮寄发的。请参阅：Steve Rothaus，"Log Cabin Republicans：Party Passes 'Most Anti-LBGT Platform' in GOP History," *Miami Herald*，July 12，2016，www. miamiherald. com/news/local/community/gay-south-florida/article89235362.html。

㉛ Will Drabold，"Here's What Mike Pence Said on LGBT Issues Over the Years," *Time*，July 15，2016，http：//time. com/4406337/mike-pence-gay-rights-lgbt-religious-freedom/.

㉜ See Saul Bellow, *Ravelstein* (New York：Penguin, 2001)。贝娄为《走向封闭的美国精神》写了前言,他曾经在接受采访时公开说布鲁姆是这本影射小说（roman à clef）的同名主人公的原型。

㉝ D. T. Max，"With Friends Like Saul Bellow," *New York Times*，April 16，2000， www. nytimes. com/2000/04/16/magazine/with-friends-like-saul-bellow. html. 这篇评论讨论了布鲁姆与贝娄的小说《拉维尔斯坦》（Ravelstein）之间关系的普遍问题,信息丰富,富有深刻的见解。

㉞ Jericho(约旦古城,引用于圣经,此城守着迦南的门户,城墙高厚,守军高大壮健,是古代极强大的堡垒,犹太人虽为数达百万人,但却是乌合之众,无任何能力与技术攻城,但据圣经记载,犹太人围城行走七日然后一起吹号,上帝以神迹震毁城墙,使犹太军轻易攻入,而后能顺利攻入迦南。——译注)

㉟ 有关本章的更多内容请参见本人的中文网站 http：//www.bryanvannorden. com/chinese。

第四章

电焊工与哲学家

第四章

电焊工与哲学家

我们需要更多的电焊工和更少的哲学家。

————马可·鲁比奥

每当听到"文化"的时候,我就会扣动扳机。

————党卫军军官汉斯·约斯特(Hanns Johst)[①]

在 2016 年美国共和党的一场总统候选人辩论中,马可·鲁比奥讽刺地说,"电焊工赚钱比哲学家多,因而我们需要更多的电焊工和更少的哲学家"。他所犯的不仅仅是语法错误,[②]还犯了几个事实错误。首先,任何经济学家都会告诉你,职业甲比职业乙的薪酬多并不意味着需要更多人去从事职业甲,甲和乙的供给和需求可能在不同的工资水平上达到彼此平衡。(鲁比奥是否认为在理想的经济中,神经外科医生的收入与扫烟囱的人一样?)更重要的是,平均地来讲,哲学专业的学生要比焊接工挣得多。研究"焊接技术"的人员的起薪中位数为每年 37 000美元,而哲学本科毕业生的平均年薪为 42 000 美元;工作 10~20 年,焊工可以每年赚取 53 000 美元,而哲学专业毕业生平均每年能挣82 000

美元。③讽刺的是，同样的数据表明，那些拥有政治学学士学位的人（如鲁比奥）和哲学专业毕业生的平均收入几乎完全相同；而且，有了几年工作经验后，哲学专业毕业生在终身收益上平均都比政治学专业毕业生高。但是，也许我们对鲁比奥的解释太过苛责。鲁比奥说的"哲学家"可能只指哲学教授。即便如此，他还是错的。哲学和宗教专业助理教授的平均起薪高达每年 54 000 美元，已经超过 10 年以上工作经验的电焊工的预期薪资水平，全职教授每年平均可以挣 86 000 美元。

我的观点并不是说我们需要更多的哲学家和更少的电焊工（与鲁比奥不同，我相信自由市场体系，相信供求关系这个看不见的手会决定到底需要多少哲学家和电焊工）。而且，我肯定不会像鲁比奥指责的那些没指名道姓的群体那样"将职业教育妖魔化"。无论是哲学教授还是电焊工，工作本身并没有高低贵贱之分。在本章中，我将坚持论述鲁比奥评论中忽略的三点：① 即使从狭隘的职业角度来看，学哲学也是合理的职业选择；② 要么学哲学要么当电焊工是虚假的二分法，文科教育对民主社会的每个公民都是有价值的，对于民主本身的维持也同样重要；③ 哲学为我们的文明作出了巨大贡献。而且，哲学由于其特殊的本质，不可能过时。

哲学与职业培训

哲学专业毕业生比其他人文学科的学士挣得更多。④我自己的学生在医药、中学教育、社会工作和执法部门等众多领域取得了成功。对于那些准备学法律的人来说，值得一提的是，在法学院入学考试中，哲学专业本科生的平均成绩高于其他任何专业。⑤［就在我写这些话的时候，有三个从前的学生考入名牌法学院：一个在哥伦比亚大学（Columbia

University)法学院，一个在纽约大学（New York University）法学院，还有一个在密歇根大学（The University of Michigan）法学院。他们的父母肯定在想："哦，要是他们学电焊就好了！"]就研究生考试的 GRE 语言和 GRE 分析写作的平均成绩而言，哲学专业考生的成绩也最高。在商学院入学考试 GMAT 中，哲学专业考生也是成绩最高的专业之一。[⑥]也许最令人印象深刻的是：哲学专业毕业生考入医学院的平均概率高于包括生物和化学在内的任何其他专业！[⑦]管理医学院入学考试的机构美国医学院协会（AAMC）的主席兼首席执行官达朗·科赫（Darrell Kirch）博士在本科时读的就是哲学专业，对此我们不应该感到惊讶。[⑧]

那些主修哲学的人还能做些什么呢？哲学毕业生可以成为摩根士丹利的总裁罗伯特·格林希尔（Robert Greenhill）、对冲基金的创始人和经理唐·布朗斯泰恩（Don Brownstein）、投资大亨乔治·索罗斯（George Soros）和卡尔·伊坎（Carl Icahn）、美国著名购物网站 Overstock.com 的首席执行官，我的斯坦福大学同学帕特里克·布莱恩（Patrick Byrne）、时代华纳的首席执行官杰拉尔德·列文（Gerald Levin）、贝宝的联合创始人彼得·蒂尔（Peter Thiel）、最高法院法官斯蒂芬·布瑞耶尔（Stephen Breyer）和大卫·苏特尔（David Souter）、维基百科的联合创始人拉里·桑格（Larry Sanger）、洛杉矶市长理查德·赖尔登（Richard Riordan）、美国教育部部长威廉·贝内特（William Bennett）、联邦存款保险公司的主席希拉·拜尔（Sheila Bair）、左翼政治活动家斯托克利·卡迈克尔（Stokely Carmichael，1941—1998）和右派帕特里克·布坎南（Patrick Buchanan）、加拿大总理小保罗·马丁（Paul Martin，Jr.）、捷克共和国前总统瓦茨拉夫·哈维尔（Vaclav Havel，1936—2011）、网络电视记者斯通·菲利普斯（Stone Phillips）、普利策奖获奖作者斯特兹·特克尔（Studs Terkel，1912—2008）、诺贝尔文学奖获得者赛珍珠(Pearl Buck，1892—1973)、伯特兰·罗素(Bertrand Russell，1872—1970)、让-保罗·萨特(Jean-Paul Sartre，1905—1980)、阿尔贝·加缪(Albert Camus，1913—1960)和亚历山大·索尔仁尼琴(Alexander Solzhenitsyn，1918—2008)、诺贝尔和平奖获得者阿尔伯特·施韦泽(Albert Schweizer，1875—1965)和昂山素季(Aung San Suu Kyi)、图标游戏类节目主持人阿列克斯·特里贝克(Alex Trebek)、喜剧演员/演员/制作人瑞奇·热维斯(Ricky Gervais)和克里斯·哈德威克(Chris Hardwick)、获奖的电影制作人伊桑·科恩(Ethan Coen)、美军四星上将杰克·基恩(Jack Keane)、参与二战中法国抵抗运动的战士斯蒂芬·赫塞尔(Stéphane Hessel，1917—2013)、联合国"世界人权宣言"的联合作者张彭春(P. C. Chang，1892—1957)和查尔斯·马利克(Charles Malik，1906—1987)、第二次世界大战中反对德国纳粹主义的殉道者索菲·斯库勒(Sophie Scholl，1921—1943)、教皇约翰·保罗二世(John Paul II，1920—2005)和本笃十六世(Benedict XVI)，以及划时代的人类学家克劳德·列维-斯特劳斯(Claude Levi-Strauss，1908—2009)和克利福德·格尔茨(Clifford Geertz，1926—2006)。这些只是略举若干例子而已。

哲学学科的实际价值还在于哲学课程通常特别擅长讲授人文教育"三R"：阅读、写作和推理。哈佛医学院教授大卫·希伯威格(David Silbersweig)博士解释说，他的本科专业是哲学。

哲学已经告知并提供了我所做一切事情的方法论。如果你可以理解康德的一个句段，把所有的想法和条款罗列在你的头脑中，那么你就可以弄懂绝大部分问题了。如果你会提取和概括，提出潜在的假设或上级原则或论证论据的含义，那么你就能识别和解决无数领域的问题。它对我从哲学到医学学术生涯的道路上提供了无法估量的帮助,这表明鲁比奥对教育存在严重的误解。⑨

在阅读、写作和推理教学中,哲学在人文学科中并非独一无二的,但是哲学课通常特别强调表达的清晰性,阐释的精确性和论证的说服力,这些都是其他学科较为缺乏的。⑩

我当然不是说多数人都应该主修哲学(当然我也不会说多数人都应该成为电焊工)。但是,哲学课程独有的对阅读、写作和推理技能的训练对于各种不同专业来说都是十分有价值的。我认识一位工科生在读本科时对我说过一句话,几乎每个文科教授都听到过:"为什么要求工科生必须去学文科课程,而不是去学另外一门工科课程来帮助他设计一座不会垮塌的桥梁?"首先,一个工科生若是少学一门课程,他设计的桥梁就会垮塌的话,那他离能够毕业还远得很呢。我期望我的桥梁起码要由远远超过最低技能水平的工程师来设计。更重要的是这样一个事实:当你学习专业技术时,最先进的知识是在不断变化之中的。你总是要使用在大一或大二的基础课程所讲授的概念。此后,您学习的课程内容通常会在毕业几年后就被淘汰或者与您最终从事的工作无关。虽然你能从课程中学到一些东西,但更多的是"像工程师(或商人、计算机科学家或其他职业)那样思考"的实践。这当然是有价值的,然而,无论你最终选择什么职业,你都需要大学学位,你的部分工作就是阅读具有挑战性的文本,写出清晰和有说服力的文章。如果你以后升任高管职位,你的工作可能涉及理解和讨论与伦理学有关的知识性议题。

我怎么知道这些? 因为刚刚提到的这个工科生在专业领域有了多年工作经验以后,亲口对我承认的。

让我们提醒自己，美国独特的高等教育体系是令世人羡慕的。自第二次世界大战以来，美国要求大多数学生都学习人文课程，而且越来越多地对所有社会阶层的人开放。令世人羡慕，这一点儿并不奇怪，因为这个要求自然科学家学习诗歌和哲学的高等教育体制制造了核电、计算机、超音速飞机、脊髓灰质炎疫苗、激光、晶体管、口服避孕药、音乐CD、互联网、电子邮件和核磁共振成像（MRI），并第一个把人类送上月球。具有讽刺意味的是，美国的文科教育正逐渐遭受攻击，中国、印度、日本、新加坡和韩国政府都试图在自己的国家重新创立人文教育模式，因为他们认识到这是美国取得技术和经济优势的关键之一。[11]

哲学与民主公民素质

如果鲁比奥的评论的唯一问题是没有认识到哲学的实际价值，那么将其与本章卷首语中党卫军军官的言论相提并论就实在太无礼了。鲁比奥当然无意去引导任何人做任何可怕之事。事实上，他在自己的家乡佛罗里达州输给了特朗普之后，这次终止其2016年总统竞选活动的演讲中包括了共和党初选中最激动人心的修辞，也表达了在我看来他最珍视的价值观。[12]不过，鲁比奥没有明白的是，他在竞选运动初期采用的反智力主义立场与他在竞选结束时所宣扬的民主和正义是格格不入的。

当然，在当今共和党政治的背景下，鲁比奥的评论谈不上是政治错误。如果卡莉·菲奥莉娜（当晚也参加了辩论）承认她是哲学专业毕业的话，她的政治野心将瞬间破灭，就像从舞台上掉下来那么快。后来，她的确偃旗息鼓了。[13]在那次辩论中，鲁比奥甚至不是最后一个明确攻击哲学的人。参议员特德·克鲁兹（Ted Cruz）显然注意到鲁比奥的评论赢得雷鸣般的掌声，他批评了管理美联储的"哲学王"（我猜测这大概就是柏拉图用"哲学家国王"时表达的意思）。州长约翰·卡西奇（John Kasich）不甘心被排斥在外，他发表了总结性声明："真正做事的时候，哲学起不到作用。"（每次读到这句话时，我都感觉到这是胡扯。）

　　特朗普总统挑选的房屋和城市发展部长本·卡森（Ben Carson）在另一个场合也表现出对哲学的鄙视，他认为"政治正确"是美国社会的严重问题，因为"这就像罗马帝国曾经发生的情况。当时他们非常强大，任何人都没有办法打败他们。但是，这些穿着白色长袍，留着长长白胡子的哲学家对任何问题都能侃侃而谈，但他们根本不管是非对错。很快，他们就完全忘乎所以，不知道自己姓甚名谁了"[14]。我们来认真看看卡森的评论。卡森说的"这些哲学家"可能指的是学院派哲学家或者皮浪怀疑主义者（Pyrrhonian Skeptics）。而卡森的反应很像罗马的极端保守主义者老加图（Cato the Elder，234—149BC），他曾经下令将怀疑论者卡涅阿德斯（Carneades，214—129BC）驱逐出罗马。但是，无论古代还是现代的怀疑论者都不鼓吹道德无政府状态。希腊怀疑论者普遍宣称，虽然我们不知道真理是什么，但是，我们能够而且应该采取我们看起来最合理的行动。[15]这个立场提出了许多非常有意思的哲学难题（按照似乎是最合理的方案行动与相信它是合理的之间存在差别吗？），但是，这些东西似乎不大可能是导致古代西方最伟大帝国灭亡的原因吧。

　　此外，卡森作为基督徒也应该知道除了怀疑主义还有许多其他种希腊哲学："使徒行传"（17：18）报告说，圣保罗在雅典与他遇见的伊壁鸠鲁派（Epicureans）和斯多葛派（Stoicism）学者进行辩论。[16]可以推测，卡森不赞成伊壁鸠鲁派的唯物主义宇宙观，也不赞成他们认为的善恶可以归结为快乐和痛苦的观点。然而，伊壁鸠鲁派并不认为这些事实

就意味着奢侈享乐的生活方式：他们主张节制欲望才最有利于获得幸
福的生活。此外，伊壁鸠鲁主张学校应该接纳妇女和奴隶上学，这很难
不让人对其刮目相看。

斯多葛派实际上对基督教思想的传播和发展产生了相当显著的影
响，要是卡森愿意多花点儿心思去了解的话，他一定赞同他们的很多教
诲。与怀疑论者不同，斯多葛派宣称我们能够确定无疑地知道真相；与
伊壁鸠鲁派相反，斯多葛派认为美德是唯一本身就好的东西，美德就是
幸福，人生的目的就是追求美德。斯多葛派人士也相信上帝存在，上帝
等同于逻各斯（理性）。〔我们在新约中找到类似的描述："太初有道，道
与神同在，道就是神。"这里，"道"就是逻各斯（约翰福音 1：1，钦定
本）〕。斯多葛派认为顺从本性生活就是至善。最好的生活方式是按照
人人内心都存在的理性支配的自然法生活。

如果哲学家不该为罗马帝国的衰落负责，那么谁应该负责呢？历
史学家爱德华·吉本（Edward Gibbon，1737—1794）在其经典著作《罗
马帝国衰亡史》(*The Decline and Fall of Roman Empire*)中提到，"基
督教的引入或至少是基督教的滥用"是导致帝国衰落的一个因素，因为
它宣扬"未来生活的幸福"而忽略了现实生活中的政治活动。[17]事实上，
吉本声称，在受难期间，基督徒对来世的偏爱是非常极端的，他们甚至
积极寻求殉难，主动前往法庭忏悔他们的信仰，主动要求被处决。[18]吉
本评论说，在康斯坦丁皇帝承认基督教的合法地位之后，"社会的积极
美德遭到打击……尚武精神的最后一丝残余被埋藏在修道院中"，"僧
侣的神圣怠惰得到驯服恭顺的和懦弱时代的热烈追捧"。当教会真的
鼓励积极行动时，效果往往适得其反："教会甚至是国家都因宗教派别
纷争而陷入动荡，这些冲突有时是非常血腥的，但从未平息过。"[19]当
然，吉本并不是罗马帝国后期历史的最终裁决者，[20]但是，几乎所有严

肃的历史学家都赞同吉本提出的观点:"我们应该感到奇怪的,不是罗马帝国怎么会灭亡了,倒应该是,它怎么竟会存活得如此长久。"①罗马帝国的衰落有许多复杂的社会、政治和经济原因。虽然将衰落的美国与衰落的罗马进行比较是保守派的普遍倾向,但是,从罗马的命运中汲取教训绝非简单的事情。

在某种程度上,政客们漠视哲学只不过反映了美国文化中长期以来处于核心地位的反智主义。②总统必须装出一种受到众人爱戴的风度,装扮得像牛仔一样(罗纳德"吉普派"里根)或保留一种口音的痕迹(一般来说那种口音早该丢失),来提醒人们注意到他们早年曾在耶鲁或牛津("比尔"克林顿)修行过一段时间。在 2000 年的总统大选中,戈尔(Albert Gore. Jr)输给乔治·W.布什的原因之一是戈尔没有学会如何掩饰自己的睿智和博学,相比之下,美国人正是在布什身上看到愿意与其打交道的亲近感。虽然布什和戈尔都毕业于常春藤名校,布什可以被原谅(用他自己的话说)因为他在"耶鲁他妈的什么都没有学到"③。但是,戈尔总是让美国人想起上学时的学霸,他加入辩论队,总是成绩优异,总是喜欢用宏大的词汇。没有人喜欢这种孩子,相比之下,布什是啦啦队里(布什确实是)亲切友好的傻瓜。人人都喜欢他,即使他成绩太差几乎毕不了业。可他无所谓,因为毕业后他就进入家族企业上班了(布什的确就是这样的)。

不过,靠戴宽边牛仔帽或者吹萨克斯管来显示你是正常人与积极地抨击教育毕竟还存在很大差异。而后者恰恰是共和党最近转变的方向。保守派评论家马特·刘易斯哀叹:"今天太多的保守派人士故意排斥知识渊博、学术卓越、从政经验丰富、聪慧敏锐以及有政治专长的人。"④换句话说,保守派运动已经"佩林化"。⑤副总统候选人萨拉·佩林(Sarah Palin)将像她自己一样的保守派女性比作"灰熊妈妈","问题发生时，她们只是知道。"佩林认为不能理性辩护的观点甚至比明智的专家的结论还好。这是个愚蠢的观点。历史学家斯泰西·希夫（Stacy Schiff）同意佩林的部分观点，"问题发生时，妈妈们只是知道"，不过，她指出"在理想的情况下，还应该在自己的屋檐下，监控青少年的不安全性行为"［如佩林对女儿布里斯托尔（Bristol）没有尽到职责的一些事］。在更具体地谈到隐喻的政治含义时，她说："我对母亲的第六感表达敬意，虽然我不确定我是否想要一个依靠直觉来管理的政府。最近，我们已经有了一个这样的政府。"布什总统就是因为想象中的伊拉克大规模杀伤性武器导致美国走向战争的。㉖但是，正是佩林的反智主义使她在当今共和党的大本营吸引了这么多支持者。

以前，民主党是反智主义和民粹主义政党。19 世纪初，第一任民主党总统安德鲁·杰克逊（Andrew Jackson，1767—1845）废除了运行良好的美国中央银行，并应该为种族清洗美洲原住民的行为（被称为"血泪之路"）负责。威廉·詹宁斯·布莱恩（William Jennings Bryan，1860—1925）是 20 世纪初民主党的代表性人物，曾三次竞选总统，都没有成功。当共和党泰迪·罗斯福（Teddy Roosevelt，1858—1919）邀请非洲裔美国人领袖布克·华盛顿（Booker T. Washington，1856—1915）去白宫与他和家人一起用餐时，布莱恩表达了强烈的不满。㉗布莱恩反对进化论的言论也臭名昭著，在"斯科普斯猴子审判"* 中作为检方律师参与审判，遭到被告的名律师克拉伦斯·戴洛（Clarence Darrow，1857—1938）驳斥得体无完肤，并形容为"吊打"。

----

* the Scopes Monkey Trial，1925 年，中学教师斯科普斯（John Scopes）因讲授进化论被指控违背田纳西州的法律，被神创论者告上法庭。由于神创论的支持者把进化论歪曲简化成"人是猴子变来的"，这次审判又被人们称为"猴子审判"。

相比之下,共和党曾经是思想深刻的知识分子云集的政党,比如林肯[他吹嘘自己已经学习并几乎熟练地掌握了古代几何典籍,如欧几里得《几何原本》,他的葛底斯堡演讲词是模仿雅典政治家伯里克利(Pericles,495—429BC)的葬礼演说。][28]、泰迪·罗斯福[毕业于哈佛大学,荣获美国大学优等生协会斐陶斐荣誉学会(PhilBeta Kappa)和拉丁文学位荣誉优异学业成绩(Magna Cum Laude)]、胡佛[Hoover,1874—1964,会讲中文,翻译了文艺复兴时期拉丁文冶金著作《矿冶全书》(De Re Metallica),17世纪时,德国科隆的耶稣会士汤若望(Johann Adam Schall von Bell,1592—1666)将阿格里科拉(Georgius Agricola,1494—1555)的这本矿冶经典中的重要篇章译为中文,名为《坤舆格致》。]、艾森豪威尔(Dwight Eisenhower,1890—1969,毕业于西点军校,是战争英雄,也是哥伦比亚大学校长)、尼克松(Richard Nixon,1913—1994,获得文科学位,随后攻读法学院)和老布什(G. H. W. Bush,1924—2018,耶鲁大学优等生,斐陶斐荣誉学会会员)。然而,现在共和党已经成为二流电影演员罗纳德·里根(他承认他不记得向伊朗出售武器以换取人质是否违反了自己政府的政策)[29]、三流学生小布什("有些时候,他们错误低估了我。")[30]和四流明星唐纳德·特朗普的政党("我受过良好的教育,我知道词语,我会用最好的词,我有最好的……但是没有哪个词比愚蠢更好了")。[31]

到底发生了什么?

刘易斯在他的书《愚蠢之极》一书中非常出色地诊断出共和党内越来越严重的反智主义倾向的若干理由,其中包括需要讨好南方红州的福音派选民,他们经常错误地相信基督教与教育和反思是格格不入的。自20世纪80年代(里根首次当选)以来的历届总统大选中,共和党总统候选人在被称为圣经带的各州如亚拉巴马州、密西西比州、俄克拉荷马州、南卡罗来纳州和得克萨斯州都赢得胜利，但是，讨好这个选区有时候会导致令人尴尬的结果。2016年共和党候选人没有一个愿意承认自己相信进化论。当州长司各特·沃克(Scott Walker)在共和党总统提名期间访问英国时，因为避免回答他是否相信进化理论的问题而遭到英国广播公司记者的嘲笑："任何一位英国政客，无论是右翼还是左翼都会笑笑，然后说：'是的，进化论当然是真的。'"②特德·克鲁兹(Ted Cruz)也回避了他对此话题的看法。但是，即使"儿子必不担当父亲的罪孽"*，我们也很难不引用克鲁兹的父亲在此话题上的话："……因为如果他们能说服你相信自己是从猴子变来的，那么说服你相信上帝根本不存在就会容易得多了。"③最后，在被问及他认为地球存在了多久时，鲁比奥的回答听起来就像没有预习却被叫起来回答问题的学生那样故意虚张声势：

> 伙计，我不是科学家……说到底，我认为关于宇宙是如何创造出来的有多种理论，我认为我们国家允许人们有机会学习各种理论。我认为父母应该能够教导孩子他们所信仰的东西的是什么，科学又是怎么说的。无论地球是在七天之内创造出来的还是七个历史年代内创造出来的，我不敢肯定我们能否回答这个问题。这是伟大的奥秘之一。④

实际上，不存在很好的理由去假设《圣经》与进化理论相互矛盾。圣经的某些部分应该被当作隐喻来解读是常见的正统认识。圣·奥古斯丁(Augustine of Hippo，354—430)这样的权威人士也解释说，他最

---

* 《以西结书》第18章第20节。

初不愿接受基督教就是因为圣经的部分内容似乎完全不可信。然而，圣·安布罗修(St. Ambrose，340—397)向他解释说，许多段落都不能从字面含义来解读，而是包含着更高真理的隐喻。⑤安布罗修认为，这是圣·保罗(Saint Paul，5—67)想表达的意思，当他说："因为那字句是叫人死，精意是叫人活(精意或作圣灵)。"(《哥林多后书》第 3 章第 6节)奥古斯丁本人在他自己的精神自传《忏悔录》的附录中对创世记的上帝造人故事作了非常广泛的隐喻性解释。⑥但是，《圣经》隐喻解释的终极权利在于耶稣，耶稣曾警告门徒反对拘泥于字句的直译主义：

> 门徒渡到那边去，忘了带饼。耶稣对他们说，你们要谨慎，防备法利赛人和撒都该人的酵。门徒彼此议论说，这是因为我们没有带饼吧。耶稣看出来，就说，你们这小信的人，为什么因为没有饼彼此议论呢？你们还不明白吗？……我对你们说，要防备法利赛人和撒都该人的酵，这话不是指着饼说的。你们怎么不明白呢？门徒这才晓得他说的，不是叫他们防备饼的酵，乃是防备法利赛人和撒都该人的教训。(《马太福音》第 16 章第 5—12 节)

耶稣用酵母的比喻警告门徒不受法利赛人或撒都该人(两个反对耶稣的教派)自以为是的影响。他严厉批评门徒过分拘泥于字面意思，对那些认为在阅读创世记的时候就像在阅读一份报纸而不是圣经的人，他大概也会训斥的吧。

一般来说，作为基督徒(或者任何一种有神论者)和作为知识分子之间并没有内在冲突。圣·保罗说："你们要谨慎，恐怕有人用他的理学和虚空的妄言就把你们掳去。"(《圣经·歌罗西书》第 2 章第 8 节)但是，在历史上，大多数基督徒一直都认为只有哲学——如果以浅显而花哨的方式进行——可能会破坏信仰，不是非要如此，否则必须从内心回避它。其著作对科学的经验主义哲学产生重大影响的弗朗西斯·培根（Francis Bacon，1561—1626）说过："一知半解的哲学思考把人导向无神论，而深刻的思考则必然使人皈依宗教。"⑰培根主张的合理性反映在这个令人印象深刻的名单，下面这些有神论者都是作出开创性贡献的大哲学家，包括柏拉图、亚里士多德、奥古斯丁、安瑟尔谟（Anselm，1033/1034—1109）*、中世纪犹太迈蒙尼德（Maimonides，1135—1204）、10世纪中亚哲学家阿维森纳（Avicenna，980—1037）、12世纪阿拉伯哲学家阿威罗伊（Averroes，1126—1198）、阿奎那、笛卡尔、莱布尼兹、斯宾诺莎、18世纪英国哲学家贝克莱（George Berkeley，1685—1753）和克尔凯郭尔（Søren Kierkegaard，1813—1855）。20世纪有很多颇有建树的神学家⑱和一些有神论者，同时也是有影响力的哲学家。⑲这里分为两个方向。如果相信上帝的人是反智主义者，那是因为懒惰而非宗教原则。但是，无神论者哲学家应该尊重和认真对待拥有宗教信仰的哲学家，就像他们尊重和认真对待那些在身/心或后果论/道义论等问题上持不同意见的人一样。

将宗教视为与科学或思想探索格格不入的错误观念是导致政治反智主义兴起的因素之一。当保守的基督教宗教团体"道德多数派"在20世纪80年代帮助里根赢得总统职位时，这一点就变得尤为重要了。然而，里根的政治观点在此之前很久就已经有反智主义倾向了。里根竞选加州州长成功的部分原因就是其对公立大学教师和学生的公然蔑视。（学生们出来游行示威，支持一些轻率的观点，如越南战争是个坏主意，废除种族隔离和确保非洲裔美国人的投票权是好主意等。今天

---

* 意大利中世纪佛兰西斯派神学家、经院哲学的重要代表，极端的唯实论者，人称"最后一个教父和第一个经院哲学家"。

的孩子们呐!)当选后不久,里根抱怨说国家资助高等教育其实是在"为知识分子的好奇心提供补贴"⑩。正如《洛杉矶时报》(*Los Angeles Times*)的社论所说,里根似乎并没有想到,"如果大学不是鼓励和支持知识分子好奇心的地方,那它什么也不是了"⑪。

反智主义势力在小布什担任总统期间变得越来越猖獗。记者罗恩·萨斯坎德(Ron Suskind)在撰写了一篇批评政府的文章后被传唤与卡尔·罗夫(Karl Rove,此人是布什竞选委员会战略规划师,后来担任白宫办公厅副主任)会面。据萨斯坎德说,罗夫告诉他:

> 像我这样的人处于"被称为以现实为基础的社会中",他把这个社会描述为"相信解决办法来自你对可辨别的现实的有远见卓识的研究"的群体。我点头并嘟囔了几句启蒙原则和经验主义的话。他打断我,"那已经不再是真实世界的运作方式了",还说"我们现在已经是个帝国。我们采取行动时就是在创造自己的现实。在你们明智而审慎地研究那个现实时,你们肯定会研究的,我们将再次行动并创造新的现实供你们研究。其实就这么回事。我们是历史的创造者,你们,你们所有人只不过是研究我们做的事而已"。⑫ *

这种令人吃惊的对真相和证据的尼采式拒绝,在不到一年之后紧接着发生了美国入侵伊拉克,打着的幌子是声称伊拉克有大规模杀伤性武器,但从未给出任何令人信服的证据。[我仍然记得满腹狐疑地观看国务卿科林·鲍威尔(Colin Powell)在联合国安理会面前力挺这场

---

* 此段中译文借用狄奥尼等著,吴万伟译:《知识分子和他们的美国》,《爱思想》,2010-03-08, http://www.aisixiang.com/data/32159.html。

战争，手中挥舞着一小瓶看起来像炭疽似的东西——如果我们有伊拉克生产的东西的样品，可我们没有——移动的武器实验室看起来什么样子的一张草图——如果有一张照片就好了，可我们都没有。]共和党忽视证据和事实从里根时期就开始了，在布什政府时期变本加厉，到了特朗普政府时走向"另类事实"的高潮。

公平地说，自从里根以来，共和党也推出了一些令人印象深刻的总统候选人，如乔治·布什、鲍勃·多尔（Bob Dole）和约翰·麦凯恩（John McCain，1936—2018）。他们都很聪明、雄辩，有杰出的从事公共事务的工作经验和战争英雄的荣誉。但是，请注意此处的共同点：布什在 1992 年输给克林顿；多尔在 1996 年输给克林顿；麦凯恩在 2008 年输给奥巴马。这些失败肯定有复杂的原因，其中包括布什信誓旦旦地向国会承诺"看我的嘴型：不再加税"，结果还是食言了。还有支持奥巴马的新一代年轻选民和黑人选民数量激增。不过，我认为像老布什、多尔和麦凯恩这样有头脑的老练政治家有两个难以逾越的弱点：他们无法像提供简单化解决方案的共和党候选人那样激发起共和党根据地选民的支持热情，因为看起来与民主党对手差别不大，难以赢得摇摆不定的选民。

反智主义实际上是一种最糟糕的精英主义，这是一个严肃的伦理问题，因为它暗示人们必须在当电焊工还是学习哲学之间作出选择。为什么电焊工不能学习哲学呢？毕竟，苏格拉底是个泥瓦匠，斯宾诺莎是打磨镜片的师傅。如果他们活在今天，他们会在家居建材用品零售商家得宝（Home Depot）和高端眼镜制造集团亮视点（LensCrafters）工作（斯多葛派哲学家爱比克泰德曾是个奴隶，所以他会在沃尔玛打工）。

请考虑下面的场景。当鲁比奥说出嘲笑的话时，台上站着的八人中有七个都有大学学位。⑩鲁比奥和约翰·卡西奇（John Kasich）都主修政治学专业，卡莉·菲奥莉娜主修哲学和中世纪历史，本·卡森拥有心理学本科学位，杰布·布什(Jeb Bush)主修拉美研究，特德·克鲁兹主修公共政策。这些都是文科专业。为什么有人会认为其他文科专业比哲学更实用，更容易就业或更具有经济价值？我们想象一个女商人在办公室对同事说："好险呐！我儿子要选报哲学专业。你能想象?! 感谢上帝，他把专业换成了公共政策。他将来要赚大钱喽！"当晚舞台上唯一一位拥有传统"实用"专业学位的人是唐纳德·特朗普，他学的是经济学(后来把多家公司搞破产，在经济繁荣时期却损失了近十亿美元)。

　　站在台上的鲁比奥等一群人共有七个学士学位(其中六个读的文科)，两个职业法律博士(JD)、一个工商管理硕士(MBA)和两个医学博士(MD)，可他们在诋毁文科教育，这给选民传递出明确的信息："我们受过高等教育；你们不需要。我们接受的教育和培训使我们能够有效地实现自己的目标；你们不需要信息或实践来客观地或者批判性地思考这个世界。我们将学习一些开阔视野的东西，帮助我们选择自己的未来；你们应该在我们管理的经济体系中学一些有用的东西。"一个世纪前，约翰·杜威(John Dewey，1859—1952)警告公共资金若仅仅资助狭隘的职业教育将带来的危险政治隐患："这个运动会继续把传统的自由教育或文化修养，授予少数在经济上能够享用的人；而把别人控制的预备各种特殊职业的狭隘的工艺教育授予广大群众。"㊹这将使教育制度成为"实现社会宿命论的封建教条的工具"和使"领导阶级和被领导阶级的区分转变成为名义上民主社会"㊺。

　　反智主义还有一个更危险的方面，即其法西斯主义特征。斯图亚特·汉普什尔(Stuart Hampshire，1914—2004)是英国著名哲学家，第二次世界大战期间曾在军事情报部门工作，参与了审问纳粹官员的工作。汉普什尔逐渐认识到：

> 在任何层级的明确表达之下，对犹太人观点的仇恨与对知识
> 威力的仇恨绑在一起，这与对军事力量、法院、协商、论证的聪明、
> 学习和学习的支配地位的仇恨不同：这样一来，反犹太主义与对
> 正义本身的仇恨绑在一起，它必须确立权力行使和支配的边界。⑯
>
> 纳粹的疯狂破坏有明确的目标：合理性、合法性、公共讨论的
> 程序、少数派的正义、对弱者和人的多样性的保护。⑰

反犹太主义主题是美国和欧洲每一种本土主义和民族主义运动的
典型特征，绝非巧合。

因此，在民主社会中，哲学课程不是"思想奢侈品"（如里根所
说）⑱，它们不应该是富人的特权。哲学属于任何一个有智慧，愿意欣
赏它的人，无论他是电焊工的孩子还是首席执行官的孩子。学习哲学
使人们成为视野再开阔的、更有思想的公民，更乐于接受他人不同意自
己观点的事实，更不容易受到他人的操纵和欺骗，更愿意诉诸讨论而不
是暴力。

因此，让大众都能有机会接受广泛的教育是美国最具特色的典型
特征的组成部分，这并不令人感到惊讶。正如努斯鲍姆所说：

> 与世界上几乎每个国家都不同，我们拥有大学教育的文科模
> 式。学生进入大学不是学习单单一门课程，而是要求在头两年内
> 必须学习广泛的核心课程，特别包括人文课程……对文科课程的
> 强调也不是精英主义或阶级差异的残余。从很早时期开始，美国
> 教育领袖们就将文科教育与培养知情的、独立的和具有同情心的

民主公民联系在一起。㊶

托马斯·杰斐逊（Thomas Jefferson，1743—1826）证明努斯鲍姆有关文科教育的价值观的观点不是一种时髦和自由派的傲慢自负。杰斐逊认为反对暴政的最好办法是：

> 尽可能地启迪所有人的心智……为了促进公众的幸福,应该使那些被自然赋予天才和道德的人民通过自由教育成为有资格去接受、有能力去保卫他们同辈公民们的神圣权利和自由的人,他们应当被委以这一重任,而不论他们的财富、出身或其他偶然的条件或环境如何。然而,更多的人却无法自费让他们子女中那些有天赋成为公众有用之才的人受到这样的教育,所以,发现这样的人,并且由全体公民共同承担费用去教育他们,要比把全体人民的幸福托付给无能的或品德败坏的人好。㊿ *

因此,尽管许多当代保守派声称尊重美国缔造者的智慧,但他们对公共资助的自由教育的蔑视显然与使得美国成为世界国家中的"例外"和"山巅之城"的东西截然相反。

哲学对文明的价值

正如我在第一章中指出的那样,一些当代科学家觉得哲学的前景

---

* 本段译文引自杰斐逊"关于进一步普及知识的法案"的序言,梅利尔·D.彼得森注释编辑、刘祚昌等译的《杰弗逊集》(上),北京:生活·读书·新知三联书店,1993 年版。

非常暗淡。著名教育家和天体物理学家奈尔·德葛拉司·泰森警告说，选修专业哲学"真的会让你的脑子变成一团糨糊"。这样的言论极具反讽的味道，因为泰森就拿了Ph.D，即哲学博士学位，说明了所有科学都源于哲学的事实。苏格拉底之前的哲学家是首批对自然世界进行实验和推测、对各种现象提供自然主义的解释、并为后来的科学奠定了发展基础的人。古希腊哲学家阿那克萨哥拉（Anaxagoras，500—428BC）正确地推测，太阳不是神，而是一团炽热的物质，比其外表显得更大，月亮只是因为靠反射太阳光而发光，日食是由于物体出现在地球和太阳之间造成的。古希腊哲学家留基伯（Leucippus，fl. 5th cent. BC）和德谟克利特（Democritus，460—370BC）首次提出了原子论，后来被化学家约翰·道尔顿（John Dalton，1766—1844）所证实。伽利略（Galileo Galilei，1564—1642）的名言是，包括物理学和天文学在内的"哲学"：

> 就写在这本伟大的书——宇宙之中，它就持续站我们面前供我们凝视。但是，除非人们首先学会理解语言并阅读组成语言的字母，否则就无法理解这本书。那是用数学语言写成的，它的文字就是三角形、圆形和其他几何图形，若没有这些几何图形，人类不可能理解它的任何一个单词。若没有这些，人们就只能在黑暗的迷宫中徘徊。[51]

伽利略在说这些话时清楚意识到这是在呼应柏拉图，他认为宇宙只能用数学公式来理解。[52]

柏拉图的学生亚里士多德在奠定西方科学基础的贡献也许比其他任何人都多。他是自然界的敏锐观察者，他描述了鸡蛋长成鸡的生长过程,连续多天通过打开鸡蛋观察孵化过程。动植物双名命名法的创立者卡尔·林奈(Carl Linnaeus,1707—1778)阐述了用界、门、纲、目、科、属、种的物种分类法而受到世人称赞。然而,他的系统是基于亚里士多德的属概念加种差的定义方法。

　　浅薄的知识分子在聚会时的一种游戏是嘲讽亚里士多德的被证明错误的假说,如他声称太阳围着地球旋转。但是,科学家不会因为提出了错误观点就成了坏科学家。果真如此,那么伽利略也是坏科学家,因为他相信彗星根本不存在,是人们看花了眼,是光象造成的幻觉;法国化学家拉瓦锡(Lavoisier,1743—1794)也是坏科学家,因为他否认陨石来自太空;爱因斯坦也是坏科学家,因为他从来不接受量子力学。只要基于最好的实证性证据和最合理的假说进行理论研究,他就是好科学家。亚里士多德的地球中心假说阐明了当时拥有的证据的意义:太阳的确在移动,而地球让人感觉不到移动。更重要的是,好科学家为后来的科学进步奠定了基础,因为他提供了一种可以被改进、验证甚至被反驳的理论。正如尼采所说"理论可以被反驳当然无损于它的超凡魅力,恰恰是因为可以被反驳,它才引起思维缜密者的注意"。

　　那些对历史一窍不通的人指控亚里士多德及其他后来的追随者,他们的僵化教条阻碍了科学的发展,但现实要复杂得多。科学历史学家托马斯·库恩(Thomas Kuhn,1922—1996)解释说:"同意亚里士多德结论的人调查核实他的证据只是因为这些证据是大师提出来的。但是,这些调查核实往往帮助确保了大师的最终倒台。"亚里士多德物理学最难解释的现象是抛射体的运动如箭头(或后来的炮弹)。亚里士多德对抛射体运动提出过一些实验性解释,但是,他承认这些解释都不能完全令人满意。为了回应这些问题,亚里士多德的中世纪追随者提出"冲力理论"(impetus theory),这奠定了伽利略的惯性概念的基础。

另外，雅罗斯拉夫·帕利坎（Jaroslav Pelikan，1923—2006）说："通过制造望远镜，并用来进行实证性地观察，伽利略成为比引用亚里士多德的《物理学》来驳斥伽利略观察的那些人更为忠实的亚里士多德信徒。"⑩综合许多早期理论，按照自己的研究课题开始科学探索，并最终推翻自己之前的见解，亚里士多德不愧为最伟大的科学家之一。

甚至连我们时代最具革命性的科学成就——电脑也是拜哲学家所赐（不客气！）。电脑的所有基础——二进制算术是由莱布尼兹（我们在第一章讨论过他对中国文化的热爱——他是中国迷 Sinophilia）发明的。莱布尼兹与牛顿（Issac Newton，1643—1727）进行了几次激烈的辩论。他们争吵的事件之一是到底谁先发现了微积分。答案是，牛顿在时间上更早一步发现，但是莱布尼兹首先公布他的发现，如今我们使用莱布尼兹的符号进行微积分运算。他们还就空间位置是相对的还是绝对的争论不休。牛顿认为是绝对的，但爱因斯坦后来证明莱布尼兹的观点是正确的。人文主义者可能忍不住得出结论，认为哲学家赢得了论证的胜利，然而，牛顿自称"自然哲学家"，如果有人暗示他不是真正的哲学家，他会感觉受到了冒犯。当然，现在大多数科学家都不是哲学家。伯特兰·罗素解释说，这是因为一旦我们知道解决某个问题的正确方法，"该问题就不再被称为哲学，而是变成一门独立的科学了"。只有那些"目前还没有确定无疑答案的问题才被称为哲学"⑪。科学是否能完全取代哲学呢？有人认为如此。斯蒂芬·霍金（Stephen Hawking，1942—2018）宣称"哲学已死"，"科学家已经成为我们知识探索的火炬手"⑫。

大错特错。

哲学不可能被自然科学取代，哲学也不可能过时，这里至少有三个原因。首先，科学的发展史是在长期的"常规科学"和短期的"革命科学"之间交替往返中进行的。®在常规科学期间,科学家们大体上认同世界的运行方式和研究世界的适当方法。常规科学是令人印象深刻的活动,像泰森和霍金这样的科学家应该得到我们最大的尊重和赞赏。然而,革命科学是真正的科学天才所做之事:亚里士多德、伽利略、牛顿、约翰·道尔顿、达尔文(Charles Darwin,1809—1882)、欧文·薛定谔(Erwin Schrödinger,1887—1961)和爱因斯坦。在科学革命中,科学家意识到他们以前的世界观和方法论不能适当处理现实的某些方面。因此,他们必须彻底改造其概念。例如,爱因斯坦必须从根本上重新思考空间、时间和重力的顺序并提出广义相对论和狭义相对论。在科学革命时期,科学家变身为哲学家,并汲取其他哲学著作的营养来帮助形成自己的观点(例如,伽利略受到柏拉图的影响,道尔顿受到古希腊哲学家德谟克利特的影响,爱因斯坦的科学方法受到科学哲学家皮埃尔·迪昂的影响)。因此,当另一位科学家问他物理学家学习哲学的重要性时,爱因斯坦回答说:

　　我完全同意你关于历史、科学哲学以及方法论的重要性和教学价值的看法。目前很多人,甚至职业科学家在我看来也是只见树木不见森林。大多数科学家都带有其自身所处的时代固有的偏见,而对历史和哲学背景的了解能使他们得以从这些偏见中独立出来。我认为由哲学见识产生的这种独立性是区别于一个纯粹的工匠或者专家与一个真正的真理追求者的标志。®*

　　自然科学永远不会取代哲学的第二个原因是,像物理学这样的科

---

　*　此段的中文引自霍华德著,黄娆、曹则贤译的《作为科学哲学家的爱因斯坦》,《科学文化评论》,2006年第6期。

学之所以成功恰恰是因为物理学家们使用特定的方法将探索的范围限制在现实的某些特定方面。如果有人说除物理学研究的东西之外再也没有任何现实，我们有合理的理由质问他为什么这样。然而，对于物理学之外到底有没有东西的问题，答案不能依靠物理学内部来提供。物理学使用特定的方法 M 来研究作为物理现象 P 的现实。但是，我们提出的问题是到底有没有一个不是 P 的现实。由于 M 是我们用于研究只要是 P 的现实的方法，我们不能使用相同的方法来探究是否存在不是 P 的东西。更笼统地说，你不能在某个物体的边界内部显示这个边界之外没有任何东西。从概念上说，你必须跨越一个边界以便为其下定义。所以，如果你试图表明物理学的事实和方法论边界之外没有任何东西，你就已经超越了物理学的边界。

哲学永远不会过时的最后一个理由是它包括了伦理学、政治哲学和哲学神学。这些话题在本质上是有争议的，也是不可避免的。我喜欢对学生们说，在这些领域，无论你们有任何观点，其根源至少部分都来自哲学思想。你认为生活的目的是充分利用你的智慧为国家作贡献吗？那你就是亚里士多德派；你认为除了每个人自己的选择之外，人生毫无目的和意义吗？那你就是存在主义者；你认为道德必须从心理学上解释，即依靠我们的情感和其他动机来解释吗？那你就是休谟主义者；你认为我们应该做的是为最大多数人谋最大幸福？那你就是功利主义者；你认为有些行为本质上是错误的，因此永远也不会去做，即便它们可能产生值得向往的后果？那你就是康德主义者；你认为政府的存在就是保护公民的生命、自由和财产这些神圣不可侵犯的权利吗？那你就是洛克主义者；你认为政府必须保护我们的自由，但财富不平等只有在对最需要的人有利的情况下才是合理的？那你就是罗尔斯主义者；你认为很多宗教信仰能够靠哲学辩护吗？请向我的朋友托马斯·

阿奎那致意;你认为我们可以合理地拥有宗教信仰,即使大部分必须被当作信仰才能接受吗? 那你就与我的好友帕斯卡和克尔凯郭尔交往吧;你相信宗教是迷信,对世界有非常大的负面影响吗? 那就阅读罗素或麦凯(J. L. Mackie,1917—1981)的著作吧;或者你把哲学贬低为不过是为权力意志或统治结构辩护的玩意儿? 那你是支持尼采、马克思(Karl Marx,1818—1883)、弗洛伊德(Sigmund Freud,1856—1939)和福柯。(哎,他们都是哲学家!)问题不在于哲学对你来说是不是重要,它已经很重要了。问题只是你是否选择清醒地、批判性地反思自己拥有的哲学观念而已。

量子力学的创始人之一薛定谔也是有名的爱猫者。他提出了类似的观点来论证科学的局限性,他说:

> 科学对我周围真实世界的解释是不充分的。科学提供了大量的事实信息,也将我们的经验置于整齐一致的秩序之内,但是,一切跟我们的心相近的,一切对我们真正重要的东西,科学却可怕地保持沉默。对于红色和蓝色,苦涩和甜美,身体疼痛与欢愉,它都不置一词:它不知道美丑、好坏,也不知道上帝与永恒。科学有时候假装能回答这些领域的问题,但答案往往都愚蠢得连我们自己都不太会当回事。[65]

我引用的称赞哲学的两位科学家爱因斯坦和薛定谔都获得了诺贝尔物理学奖,而我引用的贬低哲学的两位科学家却没有一个获奖。人们可能忍不住拿这点大做文章,但我不愿意这样做。[66]

我们已经看到,哲学是许多职业的就业培训的重要组成部分。除此之外,哲学对维护民主本身也很重要:那些经受过哲学训练的人能

理性地、建设性地辩论，学会使用讨论而不是暴力，主张多元文化而不
是决不宽容。最后，哲学对我们视为西方文明中最有价值的很多东西
负责，从自然科学到可以用以谈论伦理学、政治学和精神观念的各种构
想。正因为这些原因，那些以贬低哲学为乐的反智主义是没有根据的
和可怜的。曾获得剑桥大学法学学位，后来与他人一起创办传奇喜剧
剧团蒙蒂(Monty Python)的约翰·克莱斯(John Cleese)很好地总结了
哲学的价值："哲学似乎无害，但在独裁政权中总是遭到打压。为什么
独裁者要打压哲学家？ 也许因为思想真的很重要——它们可以改变
人生。"⑰

　　但是，哲学与人文学科和社会学科中讨论类似话题的其他领域有
何区别呢？ 在多大程度上，哲学家应该为其学科在当今社会中的不良
声誉负责呢？ 这些问题将在最后一章中讨论。

注释

① 卷首引语约斯特的话的字面意思是就是"每当听到文化的时候……我就会解开
　我的勃朗宁"。("Wenn ich Kulturhöre … entsichere ich meinen Browning")。此
　句源于约斯特的剧本，省略号是原文就有的，暗示一种暂停而非省略了文字。
　勃朗宁是一种半自动手枪，"解开"就是要打开手枪保险。请参阅：*Quote/
　Counterquote*，July 7，2014，www.quotecounterquote.com/2011/02/whenever-i-
　hear-word-culture.html.鲁比奥的话，请参阅下文。

② "Republican Candidates' Debate in Milwaukee Wisconsin,"*American Presidency
　Project*，November 10，2015，www. presidency. ucsb. edu/ws/index. php?
　pid= 110908.

③ 让你对比特定专业的终身收入水平的互动性图表，请参阅：www.payscale.com/
　college-salary-report/degrees-and-majors-lifetime-earnings。

④ Bourree Lam，"The Earning Power of Philosophy Majors,"*Atlantic*，September
　3，2015，www. theatlantic. com/notes/2015/09/philosophy-majors-out-earn-
　other-humanities/403555/.

⑤ "Value of Philosophy：Charts and Graphs,"*DailyNous*，http://dailynous.com/

value-of-philosophy/charts-and-graphs/.

⑥ Ibid.

⑦ See Paul Jung, MD, "Major Anxiety," www. amsa. org/wp-content/uploads/ 2015/05/Major-Anxiety. doc; "Philosophy for Pre-Law and Pre-Med," Philosophy Department, UC Davis, http://philosophy. ucdavis. edu/undergraduate-program/philosophy-for-pre-law-and-pre-med-students; and "Philosophy a Practical Choice," Department of Philosophy, Belmont University, www. belmont. edu/philosophy/general _ information/. See also "Kaveh Kamooneh's Student Resource Pages," www2.gsu.edu/~phlkkk/foryou.html♯MCAT.

⑧ Emily P. Walker, "New MCAT: Hard Science No Longer Sole Aim," *MedPage Today*, n. d., www. medpagetoday. com/PublicHealthPolicy/ GeneralProfessionalIssues/31219.

⑨ David Silbersweig, "A Harvard Medical School Professor Makes the Case for Liberal Arts and Philosophy," *Washington Post*, December 24, 2015, www. washingtonpost. com/news/grade-point/wp/2015/12/24/a-harvard-medical-school-professor-makes-the-case-for-the-liberal-arts-and-philosophy/.

⑩ 在第五章中,我将讨论哲学对人文学科和社会学科的独特贡献。

⑪ 例如,北京大学的蔡元培学院、东京大学的艺术与科学学院、德里的阿育王大学、首尔国立大学的自由研究学院、香港中文大学的善衡学院、新加坡的 Yale-NUS 学院(耶鲁大学和新加坡国立大学合办的学院)。请参阅: Sergei Klebnikov, "The Rise of Liberal Arts Colleges in Asia," *Forbes*, June 3, 2015, www.forbes. com/sites/sergeiklebnikov/2015/06/03/the-rise-of-liberal-arts-colleges-in-asia/。德国跨国公司敦豪航空货运公司(DHL)的创始人之人钟普洋(Po Chung)提出的观点最有代表性。他解释说,他在美国惠蒂尔学院(Whittier College)接受的文科教育给他的职业生涯带来未曾预料的回报。因此,他现在是香港不断壮大的文科院系的热心支持者。"How General Education Can Sharpen Hong Kong's Edge," *South China Morning Post*, October 23, 2012.

⑫ "Transcript: Marco Rubio: 'I Ask the American People, Do Not Give in to Fear,'" *Los Angeles Times*, March 15, 2016, www.latimes.com/politics/la-pol-prez-marco-rubio-speech-transcript – 20160315 – story.html.

⑬ Donovan Slack, "Whoops! Carly Fiorina Falls off Stage," *USA Today*, May 2, 2016, www. usatoday. com/story/news/politics/onpolitics/2016/05/02/whoops-carly-fiorina-falls-ted-cruz/83831470/.

⑭ Phil Mattingly, "Ben Carson's Longshot Presidential Bid Suddenly Looks a Lot More Realistic," *Bloomberg Politics*, October 15, 2014, www.bloomberg.com/ politics/articles/2014 – 10 – 15/carsons-longshot-presidential-bid-suddenly-looks-a-lot-more-realistic.

⑮ 有关讨论，请参阅：R. Bett，ed.，*The Cambridge Companion to Ancient Skepticism* (New York：Cambridge University Press，2010)；John Cooper，"Arcesilaus：Socratic and Sceptic," in *Knowledge*，*Nature*，*and the Good：Essays on Ancient Philosophy* (Princeton：Princeton University Press，2004)，and Katja Vogt，"Ancient Skepticism," *Stanford Encyclopedia of Philosophy*，Fall 2015 ed.，ed. Edward N. Zalta，http：//plato. stanford. edu/archives/fall2015/entries/skepticism-ancient/。

⑯ 有关这个时期西方哲学流派的讨论，请参阅：Gisela Striker，*Essays on Hellenistic Epistemology and Ethics* (New York：Cambridge University Press，1996)；Martha Nussbaum，*The Therapy of Desire：Theory and Practice in Hellenistic Ethics* (Princeton：Princeton University Press，2009)；and John M. Cooper，*Pursuits of Wisdom：Six Ways of Life in Ancient Philosophy* (Princeton：Princeton University Press，2012)。

⑰ Edward Gibbon，*The Decline and Fall of the Roman Empire*，chap. 38. See Gibbon，*The Decline and Fall of the Roman Empire*，abridged by Frank C. Bourne (Garden City，NY：Nelson Doubleday，1963)，579.

⑱ Ibid.，239 - 240.

⑲ Ibid.，580.

⑳ 有关新近的描述，请参阅：Peter Brown，*Through the Eye of a Needle：Wealth*，*the Fall of Rome*，*and the Making of Christianity in the West* (Princeton：Princeton University Press，2014)。

㉑ Gibbon，*Decline and Fall*，579.

㉒ Douglas Hoffstader，*Anti-Intellectualism in American Life* (New York：Vintage，1966).

㉓ Jean Edward Smith，*Bush* (New York：Simon and Schuster，2016)，14.

㉔ Matt K. Lewis，*Too Dumb to Fail* (New York：Hachette，2016)，105.

㉕ 最早政治性地使用"佩林化"一词是《华盛顿邮报》的塞巴斯蒂安·马拉比，请参阅：Sebastian Mallaby of *The Washington Post* in "McCain's Convenient Untruth," September 7，2008，www. washingtonpost. com/wp-dyn/content/article/2008/09/07/AR2008090701950.html。

㉖ 希夫继续说："真正的灰熊妈妈是单身妈妈……是什么令灰熊妈妈不相信学校午餐、健康保险和高质量的儿童保育？她去狩猎时，谁来照顾孩子？"Gail Collins and Stacy Schiff，"Of Mama Grizzly Born?" *New York Times*，August 18，2010，http：//opinionator. blogs. nytimes. com/2010/08/18/of-mama-grizzly-born/. 佩林非常容易嘲讽他人，但她也是悲剧人物，正如她从前的支持者和编辑马特刘易斯提醒我们的那样。Matt K. Lewis，"You Betcha I Was Wrong About Sarah Palin," *Daily Beast*，January 28，2015，www.thedailybeast.com/articles/

2015/01/28/you-betcha-i-was-wrong-about-sarah-palin.html.

㉗ Michael Kazin，*A Godly Hero: The Life of William Jennings Bryan*（New York：Anchor，2007），114.

㉘ 关于林肯对欧儿里得的喜爱，请参阅：David Herbert Donald，Lincoln（New York：Simon and Schuster，1996），142 - 143；and Henry Ketcham，The Life of Abraham Lincoln（New York：A.L. Burt，1901），64 - 65. For the influence of Pericles on Lincoln，see Garry Wills，Lincoln at Gettysburg（New York：Simon and Schuster，1992）。

㉙ President Ronald Reagan，Televised Speech from the Oval Office，March 4，1987. Reagan also believed that the Chernobyl nuclear accident fulfilled a prophecy in the Bible. Lou Cannon，*President Reagan: The Role of a Lifetime*，rev. ed.（New York：Public Affairs，2000），679. Haines Johnson probably gives the best overall assessment of Reagan："He was much more than he seemed to his detractors，who continually disparaged him，and much less than his partisan followers believed him to be." Johnson，*Sleepwalking Through History: America in the Reagan Years*，rev. ed.（New York：Anchor，1992），41。

㉚ George W. Bush，Campaign Speech at Bentonville，Arkansas，November 6，2000.

㉛ Donald J. Trump，Campaign Rally in Hilton Head Island，SC，November 25，2016，video archived at http://dailycaller. com/2015/12/30/trump-i-know-words-i-have-the-best-words-obama-is-stupid-video/. 就好像要证明我的观点——民主党和共和党互换了身份一样，特朗普让人在白宫椭圆形办公室挂上了安德鲁·杰克逊的肖像，并在杰克逊的坟墓前献上花圈。Jamelle Bouie，"Donald Trump Sees Himself in Andrew Jackson," *Slate*，March 15，2017，http://www. slate. com/articles/news _ and _ politics/politics/2017/03/donald _ trump_sees_himself_in_andrew_jackson_they_deserve_one_another.html.

㉜ Francis Perraudin，"Scott Walker Dodges Question About Evolution Beliefs During Trade Visit to UK," *Guardian*，February 11，2015，www.theguardian. com/politics/2015/feb/11/scott-walker-special-relationship-trade-cheese-republican-chris-christie.

㉝ Brian Tashman，"Rafael Cruz：Evolution Is a Communist Lie," *Right Wing Watch*，November 4，2013，www. rightwingwatch. org/content/rafael-cruz-evolution-communist-lie-gay-rights-endanger-children.

㉞ Michael Hainey，"All Eyez on Him," *GQ*，November 19，2012，www.gq.com/story/marco-rubio-interview-gq-december - 2012.

㉟ Augustine，*Confessions*，trans. R. S. Pine-Coffin（New York：Penguin，1961），113 - 116.

㊱ Ibid., bks. 11 - 13.

㊲ Francis Bacon, "Of Atheism," in *Essays*, ed. John Pitcher (New York: Penguin, 1986), 107.

㊳ Including Marilyn McCord Adams, Karl Barth, Dietrich Bonhoffer, Rudolf Bultmann, Hermann Cohen, Gustavo Gutierrez, Stanley Hauerwas, Bernard Lonergan, Jürgen Moltmann, Reinhold Neibuhr, Karl Rahner, Rashid Rida, Franz Rosenzweig, Elizabeth Stuart, Shaykh Abdal Hakim Murad, and Paul Tillich.

㊴ Including Elizabeth Anscombe, Martin Buber, Michael Dummett, Bas van Fraassen, Emmanuel Levinas, Alasdair MacIntyre, Nicholas Rescher, Paul Ricoeur, Eleonore Stump, and Charles Taylor.

㊵ Cannon, *President Reagan*, 30. The transcript of the relevant press conference is archived as Alex C. Kaempfer, "Press Conference of Governor Ronald Reagan," February 28, 1967, http://chronicle. com/items/biz/pdf/Reagan _ press _ conference_02 - 28 - 1967.pdf.

㊶ Cited in Dan Berrett, "The Day the Purpose of College Changed," *Chronicle of Higher Education*, January 26, 2015, http://chronicle.com/article/The-Day-the-Purpose-of-College/151359/.

㊷ Ron Suskind, "Faith, Certainty and the Presidency of George W. Bush," *New York Times Magazine*, October 17, 2004, www. nytimes. com/2004/10/17/magazine/faith-certainty-and-the-presidency-of-george-w-bush.html. 萨斯坎德没有指明说话者,但人们认为此人就是罗夫。请参阅: Mark Danner, "Words in a Time of War: On Rhetoric, Truth, and Power," in *What Orwell Didn't Know: Propaganda and the New Face of American Politics*, ed. András Szántó (New York: Public Affairs, 2007), 23。

㊸ 兰德·保罗(Rand Paul)是个例外,他的教育背景很奇怪。上大学时,他学的是生物学和英语,不知为何退学了,转读医学院,他现在是一名眼科医生,创建了自己的认证机构,这使他不必获得国家的认可。该机构的首届董事会成员有保罗本人(主席)和他的妻子凯利(副主席)以及岳父(秘书)。"Rand Paul's Doctor Credentials Questioned for Lacking Top Board's Certification," *Associated Press*, June 14, 2010, www. foxnews. com/politics/2010/06/14/rand-pauls-doctor-credentials-questioned-lacking-boards-certification.html.

㊹ John Dewey, *Democracy and Education* (New York: Macmillan, 1916), 373.

㊺ Ibid., 372.

㊻ Stuart Hampshire, *Innocence and Experience* (Cambridge: Harvard University Press, 1991), 70. On his experience interrogating leading Nazis, see ibid., 7 - 8.

㊼ Ibid., 71.

48 See Berrett，"The Day the Purpose of College Changed."

49 Martha C. Nussbaum，*Not for Profit: Why Democracy Needs the Humanities* (Princeton：Princeton University Press，2012)，17 - 18.

50 Thomas Jefferson, preamble to "A Bill for the More General Diffusion of Knowledge," in *The Papers of Thomas Jefferson*, ed. Julian P. Boyd, Charles T. Cullen, John Catanzariti, Barbara B. Oberg, et al. (Princeton：Princeton University Press，1950)，2：526 - 527.

51 Galileo，*The Assayer*，in *Discoveries and Opinions of Galileo*，trans. Stillman Drake (New York：Anchor，1957)，237 - 238.

52 有关这个观点的里程碑式的著作，请参阅：Alexandre Koyré，"Galileo and Plato," *Journal of the History of Ideas* 4, no. 4 (October 1943)：400 - 428。

53 R. J. Hankinson，"Science," in *The Cambridge Companion to Aristotle*，ed. Jonathan Barnes (Cambridge：Cambridge University Press，1995)，162 - 163.

54 亚里士多德本人受到柏拉图二分法的影响。有关这个议题的介绍，请参阅：Montgomery Furth，"Aristotle's Biological Universe：An Overview," in *Philosophical Issues in Aristotle's Biology*，ed. Allan Gotthelf and James G. Lennox (Cambridge：Cambridge University Press，2009)，21 - 52。有关亚里士多德对生物学贡献的更多信息，请参阅：Max Delbrück，"Aristotle-totle-totle," in *Of Microbes and Life*，ed. Jacques Monod and Ernest Borek (New York：Columbia University Press，1971)，50 - 55。

55 Drake，*Discoveries and Opinions of Galileo*，252 - 256. 伽利略从假设的角度看待他的观点，但这可能是因为他担心无条件的绝对断言可能引起宗教裁判所找他麻烦。

56 "Rapport fait a l'Académie Royale des Sciences, par MM. Fougerous, Cadet & Lavoisier, d'une observation, communiquée par M. l'abbé Bachela, sur une Pierre qu'on pretend être tombée du ciel pendant un orage," *Observations sur la Physique*，63 - 76，June 1772，cited in Matt Salusbury, "Meteor Man," *Fortean Times* 265 (August 2010)，http://mattsalusbury. blogspot. com/2010/08/meteor-man-from-fortean-times - 265.html.

57 Arthur Fine，*The Shaky Game: Einstein，Realism，and the Quantum Theory*，2nd ed. (Chicago：University of Chicago Press，1996).

58 Nietzsche，*Beyond Good and Evil*，trans. Walter Kaufman (New York：Vintage，1989)，§ 18，24.

59 Thomas Kuhn，*The Copernican Revolution* (Cambridge：Harvard University Press，1957)，117. 中世纪经院哲学的更多批评和亚里士多德的观点的更详细论述，请参阅该书第 115—123 页。

60 Jaroslav Pelikan，*The Vindication of Tradition* (New Haven：Yale University

Press，1984），16.

⑥ Bertrand Russell，*The Problems of Philosophy*（Indianapolis：Hackett，1990），155.

⑥ Matt Warman，"Stephen Hawking Tells Google 'Philosophy Is Dead,'" *Telegraph*，May 17，2011，www.telegraph.co.uk/technology/google/8520033/Stephen-Hawking-tells-Google-philosophy-is-dead.html. 我有个哲学同事去听了霍金有关自由意志和决定论的公开演讲。他说他很荣幸被邀请，但在听了这个演讲之后却陷入尴尬之中。他解释说："如果霍金的演讲作为大一哲学课程的论文，最多可能得个 B ＋。"看起来霍金还是应该保住科学家的饭碗为好。

⑥ This distinction comes from Thomas Kuhn，*The Structure of Scientific Revolutions*，3rd ed.（Chicago：University of Chicago Press，1996）.

⑥ Albert Einstein，Letter to Thornton，December 7，1944，Einstein Archive，61 – 574.

⑥ Erwin Schrödinger，*Nature and the Greeks*（New York：Cambridge University Press，1996），95.

⑥ 不用说，我用的是修辞学上的技巧阳否阴述（apophasis）。

⑥ John Cleese，"Ideas Transform," public service announcements by John Cleese in honor of the hundredth anniversary of the American Philosophical Association，2000，www.publicphilosophy.org/media/100YearsofPhilosophyInAmerica/18-IdeasTransform.mp3.

第五章

孔子与苏格拉底之道

第五章

孔子与苏格拉底之道

我们探讨的并不是什么普通问题，而是人生之道。

——苏格拉底

志于道。

——孔子①

哲学在人文学科中的特殊角色

若套用诗人弗罗斯特（Robert Frost，1874—1963）的话，我与学院派哲学有过恋人般的争吵。他的墓志铭"我与世界有过恋人般的争吵"虽然当代许多哲学家的狭隘心态令我有些恼怒，但是，哲学本身令我爱不释手：我喜欢教哲学，喜欢与学生和同事讨论哲学。我也认识到，学院派哲学在高等教育方面能够发挥独特的作用，特别是在当今社会。前几章已经提到哲学能以不同于其他学科的方式训练人们的阅读、写作和推理能力。接下来就让我对此作更详细的阐述。

在许多大学，哲学是少数仍然采用所谓的"信仰阐释学"
(hermeneutic of faith)解读经典文本的人文学科之一，有时甚至是唯一
的人文学科。使用信仰阐释学阅读文本的人是希望从中发现真、善、
美。他们对下面这种可能性持开放态度，即其他人，包括来自不同时代
和文化的人对事物的了解可能比我们知道得更多，或者其观点至少能
在某种方式上丰富我们的认识。当然，如果你严肃考虑别人正确的可
能性，你也需要严肃考虑他们犯错的可能性（这是信仰阐释学，不是盲
目信仰阐释学）。如果你在对两种想法犹豫不决，或者哪个更好而犹豫
不决，你就必须讨论更相信其中之一的种种理由。看起来很明显，这似
乎是阅读哲学、文学和宗教文本的明显方法甚至是唯一方法，但事实并
非如此。信仰阐释学主要有两种替代选择：怀疑阐释学和相对主义阐
释学。

当代许多人文学者和社会科学家都强调怀疑阐释学。那些使用怀
疑阐释学的人寻找文本写作的动机，而这些与其真实性或合理性往往
没有关系。相反，他们想知道这些文本如何服务于某些隐秘的动机，如
经济利益、统治与压迫的关系以及世界上的性别歧视、种族主义或者帝
国主义等概念。许多使用怀疑阐释学的人对信仰阐释学不屑一顾，认
为它过于天真幼稚。我曾经在跨学科研讨会上宣读过一篇论文，其中
我列举了在跨文化伦理分歧上可采取的不同哲学视角。发言结束后的
第一个评论来自一位人类学家，他的开头是"事实上，布莱恩……"，接
着向我解释说，我说的一切都完全不着边际，因为唯一真正重要的是经
济利益决定了文化关系。我回答说，虽然我同意她所提出的观点非常
重要，但这并不意味着我们不应该对应该做或不应该做的事感兴趣，或
者至少能更清晰地明白我们的选择是什么。她只是略带嫌恶地盯着我
看，神情中有一丝傲慢，那表情简直就像看到餐桌上一个青春期少年在

挖鼻孔一样。

那些完全排斥信仰阐释学的人不仅视角狭隘,其立场也往往缺乏连贯性。如果你采用怀疑阐释学解读某个文本,那么你就是在要求读者把文本所说的话当作潜在真理。换句话说,阐释的行为本身就假定了信仰阐释学的合法性。我并不是说使用怀疑阐释学就是错误的。形形色色的怀疑阐释学是当代学术工具箱中不可或缺的组成部分。你会注意到,在这本书中我多次使用了怀疑阐释学的概念。我反对的只是专用怀疑阐释学,再无其他。我担心怀疑阐释学在人文学科和社会科学中已经占据垄断地位,哲学院系往往成为信仰阐释学的最后避难所。

信仰阐释学的另外一个替代选择是某种相对主义,它暗示如果你相信某事,那么它"在你看来就是真理"。虽然怀疑阐释学值得我们认真对待,但相对主义并不。相对主义分为两种形式,一种是认知相对主义,一种是道德相对主义。[②]根据认知相对主义,所有命题的真与假都取决于评价它的视角。(对于认知相对主义者来说,"真"和"假"就像"前"和"后"一样,只是隐蔽地提及一种视角而已。)正如古希腊的柏拉图和古代中国的墨家表明的那样,我们可以将其应用在自身上就能看到这个教义缺乏连贯性。[③]认知相对主义本身是客观真实还是相对真实?如果说相对主义是客观真实,那么并非所有命题都是相对的,那么认知相对主义就是虚假。(如果认知相对主义是客观真实,为什么其他命题不能是客观真实呢?)如果你说相对主义只是相对真实,那么从我们这些否认相对主义的视角来看,相对主义就是虚假,我们可以安心地忽略它(事实上,那些否认认知相对主义的人认为它是客观虚假,所以认知相对主义者肯定赞同他的看法是客观虚假)。

伦理相对主义认定,评价性命题(仅限评价性命题)的真与假取决于评价时所采用的视角。伦理相对主义本质上并非无条理的。(因为伦理相对主义本身并不是评价性命题——它纯粹是有关评价性命题的语义命题——它不适用于自身，所以它并不像认知相对主义那样能够实现自我破坏。）然而，在哲学上，伦理相对主义是索然无味的死胡同。假设你不确定死刑是否适用于某些罪行。一种伦理相对主义告诉你，这取决于你个人的想法。这对你有帮助吗？想象一下，你正在对是否应该使用无人机杀死恐怖分子感到为难。另外一种伦理相对主义认为这取决于你的文化的想法。由于美国人对是否应该使用无人机杀死恐怖分子嫌疑犯有分歧，所以你现在必须认定自己属于哪个"亚文化"。你现在更接近作出决定吗？学生们通常认为相对主义中存在更多的宽容，但这不过是概念上的混乱而已。根据相对主义，你是否应该对别人宽容取决于你采取的视角。如果你采取仇外民族主义者的观点，那么你就应该不宽容。如果我看起来对相对主义感到不耐烦，那是因为我的确讨厌它。据我当老师三十多年的经验，我发现，每次出现相对主义，都是那些希望阻止别人提出批评意见的人而不是希望在对话中加入新声音或者以更加开放的态度讨论问题的人引起的。简而言之，当谈话变得有挑战性时，遭遇挑战者就变成了相对主义者。

那么，哲学是什么？

哲学是信仰阐释学的最后堡垒之一，也是愿意挑战相对主义的一个学科。这一点非常重要。但是，这当然不是哲学的定义性特征。人文学科中的其他专业能够并且偶尔也在使用信仰阐释学。如果我们看看在西方历史上被称为"哲学"（及其同义词）的广泛活动，根本没有它们一致采用的共同方法论，也没有都在讨论的共同话题。换句话说，在定义历史上所谓"哲学"时，即便我们将讨论范围限定在西方，仍然没有必要条件和充分条件。①然而,现在,我很愚蠢地提出哲学到底是什么的定义。当我们在就文化中的重要问题进行对话却无法就解决问题的办法达成一致意见时,我们就是在进行哲学探索。⑤在博弈论中,一旦某种算法能够决定每种情况下的最佳步骤,博弈说算"结束"了。以"博弈结束"的概念为例,我们可以简明扼要地说,"哲学就是有关尚未解决的重大问题的对话"。一旦我们就解决问题的方法达成一致,这个问题便会被剔除出哲学,成为一门独立的学科。结果就是(正如我们在第四章中所指出的那样),天文学、生物学、化学、数学和物理学这些曾经是哲学的组成部分,如今都成为各自不同的独立学科,因为在每种情况下,对于什么是可靠的证据、良好的论证以及牢靠的结论通常都有共识。从这个角度方面看,哲学就像冰川:它移动得非常缓慢,似乎哪儿也没去,但从长远来看,它会彻底改变你生活的世界。

　　哲学可以处理我们无法解决的问题,这个事实正是吸引人们围绕着哲学"筑墙"的原因之一。⑥我们或许受到诱惑试图将看似棘手的哲学问题简单化,如缩减我们需要考虑的解决方案和我们拥有的前提的数量。但是,片刻的反思都能证明这种策略往往适得其反。如果事先排除掉所讨论的问题的另一种视角,你对结论的准确性甚至方法的有用性不会有信心。正如麦金太尔所强调的那样,"任何真理主张都包含另一个主张,即任何角度的考虑都不能推翻或颠覆这种主张。然而,这种主张只能在对立的、不可通约的观点之间的理性冲突的基础上得到支持"⑦。因此,先验性地排除多元文化批评就是理性的根本性失败。

　　我想再次强调,对于我们而言,现在哲学就是"有关从方法上讲未解决但十分重要的问题的对话"(在外延上,如果不是内涵的话)。更早期的哲学家或不同文化的哲学家通常把他们所做的不同事分为若干范畴。⑧这是我们需要一直留心的事情,以便对工程从整体上有真正表示赞同的和准确的理解。然而，在我们看来，如果我们承认他们在探讨类似于哲学家今天讨论的问题的潜在答案，我们可以（公正地）描述他们在研究的是哲学问题。而且，正如我们在本书中一再看到的那样，我们的确经常发现其他文化中的思想家们在探讨伦理学、形而上学、政治哲学、逻辑学和语言哲学等非常重要的有待解决的问题，这些也正是我们仍然在纠缠的问题。因此，将他们当作符合标准的哲学家来对待并与他们对话不仅是合理的而且是建设性的。

我说的"对话"可以采取各种形式。哲学家有时提出有利于哲学主张的论证。非哲学家在理解哲学家说的"论证"是什么意思时往往遇到麻烦。论证不仅仅是一种不同意见或者争吵。在论证中，你试图说服某人赞同某个主张（你的结论），通过吸引他的注意力到你认为他会赞同的其他主张（你的前提）上，并给出接受你的结论的很好理由。什么可以看作"好理由"？有没有一些人人都应该赞同的前提？如果我们就这些前提和好理由达成共识，那我们就不再是进行哲学研究了，我们是在进行天文学、生物学、数学或其他一些方法论"已解决"的学科的研究。

毫无疑问，提供论证是哲学"对话"的重要组成部分。但是，我认为英语世界的哲学家有时在哲学论证方面会犯下两个错误之一。首先，表达和构建论证有很多方式。论证的结构非常清楚。例如，王充（约27—97）提出如下反对"来生"的论证："人类是动物。即使高贵的国王或贵族，人的本性与动物没有什么不同。既然所有动物都会死掉，人类又怎能长生不老呢？"⑤* 对比王充的三段论，柏拉图在《理想国》第 7 卷中构建洞穴寓言时使用的语言风格更为散乱和富有诗意。在此对话

---

* "夫人，物也。虽贵为王侯，性不异于物。物无不死，人安能仙?"——王充《论衡》道虚篇第六节。

中,苏格拉底邀请他的对话者格劳孔(Glaucon)把受过教育的人与没受过教育的人的本质比作下述情形。

　　让我们想象一个洞穴式的地下室,它有一条长长的通道通向外面,可让和洞穴一样宽的一束亮光照进来。有一些人从小就住在这洞穴里,头颈和腿脚都绑着,不能走动也不能转头,只能向前看着洞穴后壁。让我们再想象在他们背后远处高些的地方有东西燃烧着发出火光。在火光和这些被囚禁者之间,在洞外上面有一条路。沿着路边已筑有一带矮墙。矮墙的作用像傀儡戏演员在自己和观众之间设的一道屏障,他们把木偶举到屏障上头去表演。

　　我看见了。

　　接下来让我们想象有一些人拿着各种器物举过墙头,从墙后面走过,有的还举着用木料、石料或其他材料制作的假人和假兽。而这些过路人,你可以料到有的在说话,有的不在说话。

　　你说的是一个奇特的比喻和一些奇特的囚徒。

　　他们是一些和我们一样的人。你且说说看,你认为这些囚徒除了火光投射到他们对面洞壁上的阴影而外,他们还能看到自己的或同伴们的什么呢?

　　如果他们一辈子头颈被限制了不能转动,他们又怎样能看到别的什么呢? ……

　　囚徒不会想到,上述事物除阴影而外还有什么别的实在。

　　无疑的。

　　那么,请设想一下,如果他们被解除禁锢,矫正迷误,你认为这时他们会怎样呢? 其中有一人被解除了桎梏,被迫突然站了起来,转头环视,走动,抬头看望火光,你认为这时他会怎样呢? 他在做这些动作时会感觉痛苦的，并且，由于眼花缭乱，他无法看见那些他原来只看见其阴影的实物……如果有人硬拉他走上一条陡峭崎岖的坡道，直到把他拉出洞穴见到了外面的阳光，不让他中途退回去，他会觉得这样被强迫着走很痛苦，并且感到恼火；当他来到阳光下时，他会觉得眼前金星乱蹦金蛇乱窜，以致无法看见任何一个现在被称为真实的事物。你不认为会这样吗?⑩ *

苏格拉底描述了人们是如何逐渐使眼睛适应阳光，并逐渐认识到他在洞穴中认为是真实的东西，只不过是洞穴之外真实事物的影子而已。

如果他回想自己当初的穴居、那个时候的智力水平，以及禁锢中的伙伴们，你不认为，他会庆幸自己的这一变迁，而替伙伴们遗憾吗？

确实会的。

亲爱的格劳孔，现在我们必须把这个比喻整个儿地应用到前面讲过的事情上去，把地穴囚室比喻可见世界，把火光比喻太阳的能力。如果你把从地穴到上面世界并在上面看见东西的上升过程和灵魂上升到可知世界的上升过程联想起来，你就领会对了我的这一解释了。⑪**

---

* 此段译文引自柏拉图著，郭斌和张竹明译：《理想国》，商务印书馆，1986年，第514—515页(稍有修改)。
** 此段译文引自柏拉图著，郭斌和张竹明译：《理想国》，商务印书馆，1986年，第515页。

柏拉图使用这个精心设计的寓言来解释适当的教育能引导学生质疑常识信仰(以洞穴中的影子为代表),并通过理性和数学逐渐加深为对现实的理解。亚里士多德用类似的诗歌语言论证说,快乐不能成为生活目标,因为快乐本身并不是完整的活动,而是"快乐完善着实践活动……如年轻人脸颊上的光泽"。从这些例子可以看出,西方哲学主要是古老的神话和诗歌,与中国哲学家的严谨论证特征形成鲜明对比。

主流哲学家同事已经极度不耐烦了,他们指出,我对柏拉图和亚里士多德的文献引用有些断章取义。洞穴寓言是复杂而微妙的认识论和伦理学工程的组成部分。亚里士多德有关快乐的充满诗意的评论是在严谨精确的论证结束时出现的,必须在他对特征提出的细腻观点的背景下进行解读。(亚里士多德的意思是:美丽是青春年华所产生的东西,而不是青春年华的内在原因,同样,快乐也不是作为感觉者内在的东西而影响他的实现活动。*)

你说得不错。但是,现在你或许可以理解,当有人忽视中国哲学的思想脉络,把它当作"公案"或"幸运签语饼上的神秘格言"时,我为什么感到非常沮丧。阅读哲学需要努力以一种全面的、建设性的、宽容的方式去思考文本。对于被认定为是"哲学"的西方文本,我们习惯于这样做。亚里士多德、笛卡尔、康德或罗素往往难以理解,有时候似乎自相矛盾,或者偶尔提出似乎并没有多大说服力的论证,但这个事实只会激发我们更加仔细地阅读文本,创造性地解读文本,重构论证甚至提供新的论证。但是,到了阅读非欧洲哲学文献时,许多哲学家在第一次遇到难懂的文章或陌生的专业术语时只会翻白眼,两手一摊,沮丧地放弃,就像第一次阅读柏拉图时脾气暴躁的大一新生一样。我无法阻止他人

---

* 本句译文引自廖申白译:《尼各马可伦理学》,商务印书馆,2003 年,第298 页。

的思想狭隘或者懒惰的行为，但我更希望你不要为你的思想恶习找借口，故意忽视这个事实：阅读哲学著作——无论是哪个文化传统的哲学著作——都是需要下苦功夫的。

我注意到，英美哲学中的常见错误是假装所有的哲学论证（至少在西方传统中）都是严格的三段论，或者乍一看通俗易懂，但实际上根本不是这么回事。第二个常见错误是过分强调论证的倾向，就好像哲学家在对话中除了论证不做其他任何事。哲学对话的另一个重要方面是对不同选择进行分类和阐释。英国哲学家，日常语言哲学牛津学派的创始人吉尔伯特·赖尔（Gilbert Ryle，1900—1976）在区分"知其然"（know that）和"知其所以然"（know how）这两个概念时，正是这样做的。[12]儒家大师孟子在提出有关"勇气"的三大不同范式时也是这么做的（以过人的气势彰显的血气之勇、内心意念而无所畏惧和诉诸道义而行的大勇）。[13]

除了提出论证和阐释不同选择之外，哲学对话的第三个目标是提供实质性的新视角或者问题的答案。即使你再没有做其他任何事，只要你做到这一点就对哲学讨论的重大贡献。这可能涉及某个特定主题的狭隘的建议。卡尔·波普尔（Karl Popper，1902—1994）被后人铭记可能就是因为他提出了科学区别于非科学的观点，因为我们知道什么样的测试可以篡改一个科学观点。以经验检测的"可证伪性"作为科学和非科学陈述的划界标准。虽然这只是"什么是科学"这个问题一个建议性的答案，但这是对哲学对话的贡献。同样，孔子的弟子有子认为孝悌为本，仁爱之心源于对家人的爱*，这本身就是对伦理哲学讨论的宝贵贡献。[14]

---

* 有子曰："其为人也孝弟，而好犯上者，鲜矣；不好犯上，而好作乱者，未之有也。君子务本，本立而道生。孝弟也者，其为仁之本与！"《论语》学而第一第二节。

　　在较不普遍讲授的哲学中,我最熟悉的是中国三大思想传统:儒、释、道;对印度传统的吠檀多不二论学派(Advaita Vedanta)我也比较熟悉。对那些真正想要了解这些传统的人来说,他们讨论了我们当作哲学的"重要且未解决的话题",并且参与了体现三个方法论特征的哲学对话,其属于哲学绝对是无可争辩的。对于其他非欧洲传统思想,我不愿意犯同样的错误,即在对人家一无所知的情况下就大放厥词,无端指责。不过,基于我对非洲哲学和美洲土著哲学的些许了解,他们至少在如何理解世界方面提供了实质性的新视角,为此而赢得参与哲学对话的地位。⑮较不普遍讲授的哲学的其他内容[包括非洲裔美国人、基督教、女性主义、伊斯兰教、犹太教、拉丁美洲和性少数群体哲学]在历史上与希腊罗马传统密切相关,所以显然也属于哲学。

　　西方阐释学传统中的哲学家——包括海德格尔、伽达默尔(Hans-Georg Gadamer,1900—2002)、哈贝马斯(Jürgen Habermas)、保罗·利科(Paul Ricoeur,1913—2005)和理查德·罗蒂——认识到对话不仅仅在哲学中而且在人类生存中占据中心地位。但是,他们许多人未能认识到对话的另一关键的伦理学的要求:对来自英美-欧洲传统以外的新的声音、替代性解决方案、新鲜词汇,以及相同或类似问题的不同表述持开放态度。对有些人如伽达默尔,这可能情有可原,因为这位哲学家在成长过程中文化"视野"非常有限。至于其他人如海德格尔,阐释学错误地融入了本土主义者拒绝世界主义的危险倾向。无论出于什么原因或如何为自己辩解,只要事先关闭对话的可能性,他就不会成为哲学家。而当对话被机构权力阻挡时,这就成为弗朗索瓦·利奥塔正确地指出的"恐怖行径":

　　　　恐怖的意思是把别人从对话博弈(language game)中排挤出

去。当他被迫沉默时这种排斥就是恐怖，不是因为根据对话的原则他遭到批驳，而是因为他参与对话的能力受到威胁（有很多方法可以防止某人参与对话）。决策者的傲慢原则就在于恐怖的实施，"要么适应我们的目标——否则，吃不了兜着走"。科学在原则上没有这种东西。[16]

最可怕的恐怖形式是人身伤害：谋杀、监禁和殴打。但是，恐怖也有危险的潜在的形式，它们之所以危险是因为它们更微妙。当回顾（从第一章）博士生尤金·帕克质疑为什么哲学不能讲授非经典思想家的著作时，他的一位教授回答说："这是我们身处的知识传统。要么接受它，要么走人。"

复兴孔子与苏格拉底之道

我对哲学的描述之一看起来似乎特别有问题。我认为，哲学是有关重要却未解决的问题的对话。有人会反对，认为这样说过于广泛，因为重要的事情因人而异。但是，有一个问题在任何一种哲学中都是最重要的：人生应该如何度过？伯纳德·威廉斯（Bernard Williams，1929—2003）将此称为"苏格拉底问题"，并将其认定为伦理哲学的核心。[17]我想将其扩大一点，说成是激发每个传统的哲学背后的终极性问题。此外，正是这个问题赋予形而上学、认识论和语义学中最抽象的话题以意义和重要性。[18]所以，请原谅，我把哲学的定义进一步调整为：哲学是有关我们都认为重要的问题的对话，但对其解决办法有不同意见，因为从终极上说，"重要性"取决于人生应该如何度过的问题。

我担心当代学院派哲学家经常忽视重要性这个问题，这部分可以

第五章　孔子与苏格拉底之道 / 165

归咎于将哲学视为智力手淫的观念。想想许多哲学家认为是其学科的核心话题并在哲学入门课程中经常讲授那些话题。请看"缸中之脑"假设：假如一个人被邪恶科学家施行了手术，他的大脑被从身体上切了下来，放进一个盛有维持脑存活营养液的缸中。脑的神经末梢连接在计算机上，这台计算机按照程序向脑传送信息，以使他保持一切完全正常的幻觉。你如何担保自己不是在这种困境之中？[19]假设有像科幻小说里描述的那种传输机，但它们的工作方式是将你彻底拆解，然后在别处严格按照你的样子一个原子一个原子地重新复制一个你：这个新人是不是你？[20]如果你遇到一列失控的火车，如果你什么都不做，火车将杀死轨道上的五名工人，如果你将道岔搬到另一条轨道上，只会杀死一个人，究竟该怎么做？[21]有些句子必须为真（如"1 + 1 = 2"），而有些句子只是碰巧为真（如"2012 年，奥巴马赢得大选"），假设存在着无数个可相互替代的可能宇宙，其中每一个宇宙都与我们所居住的世界一样真实，有些句子在所有宇宙都为真，而其他句子只是在其中一些宇宙中为真。我们应该这样来解释这个事实吗？[22]我们有什么证据表明祖母绿是绿色（green）的而不是（grue），该词（grue）指的是我们观察到的直到今天都是绿色的东西，或者我们今天以前没有观察到的是绿色的任何东西。[23]迄今为止，我所引用的例子都来自在英语世界占主导地位的分析哲学。然而，大陆哲学并不能免于陷入思想上的自慰。我认为努斯鲍姆对雅克·德里达的评论适用于最近许多其他大陆思想家：

　　　　一旦有人读完德里达对尼采风格的敏锐且机智的分析，并且不出所料地（我认为）被打动，在所有优雅的最后，他会感觉到一种空虚，几乎等同于饥饿的渴望，渴望查拉图斯特拉（Zarathustra）的舞蹈中不可分割的困难、风险和现实紧迫性意识……很显然，尼采

的著作是对现有伦理学理论的深刻批判，但是，除此之外，它也是
对终极性的苏格拉底问题"人生应该如何度过?"的回应。而德里
达则根本不涉及这个问题……阅读了德里达以后，不只是德里达，
我感觉到对血肉之躯的迫切渴望，因为那是有关文学的描写，其文
学谈论的是似乎对我们每个人都很重要的人类的生活和选择。㉔

　　有些学生会发现纯粹的智力游戏非常有趣，总是会有一些学生想
投身于这样的智力难题。这些学生毕业以后将足以让名牌大学哲学系
中有一代又一代的师资去继续探讨同样的思想奥秘。但是，有头脑的
学生会纳闷儿哲学课堂上的智力游戏是不是比填字游戏或数独游戏㉕
更训练他们的思维，这样的质疑显然不是没有任何道理的。

　　我不是在论证哲学家应该避免研究棘手的技术问题。为了构建
"人生应该如何度过"这个有挑战性的问题的综合答案，我们要坚持不
懈地努力，有时候这会引导我们去探讨非常细腻和微妙的问题。（我自
己曾就写过一篇论文，专门探讨《论语》中两句话的语法和阐释题。）㉖
放在适当的背景下，我上文中提到的抽象问题也可以假定拥有深刻的
人类意义。传输机思想实验最初是对普通的个人主义伦理学概念的挑
战。引入失控的火车案例是要说明两种伤害行为的区别，一种是主动
做伤害他人的行为，另一种是听任伤害他人的事情发生。但我的经验
是，许多哲学家到最后沉溺于这些例子中不能自拔，就好像它们是独立
的智力游戏。让我们永远不要忘记研究这些技术问题的初衷是什么，
并总是要确保学生明白它们为什么重要。

　　请想一想诺贝尔奖得主伯特兰·罗素。罗素与人合作撰写了《数
学原理》(*Principia Mathematica*)，这是一本使用逻辑和集合理论证明
$1+1=2$（如果你不确定）的三卷本皇皇巨著，对形式逻辑思想作出了重

大贡献。但是,罗素在进行研究的时候,他不是简单地玩无意义的智力游戏。他对人生活目的及其与哲学的联系有着强有力的和感动人的观点:

> 冥想中的公正乃是追求真理的一种纯粹欲望,是和心灵的性质相同的,就行为方面来说,它就是公道,就感情方面说,它就是博爱;这种博爱可以施及一切,不只是施及那些被断定为有用的或者可尊崇的人们。因此,冥想不但扩大我们思考中的客体,而且也扩大我们行为中的和感情中的客体;它使我们不只是属于一座和其余一切相对立的围城中的公民,而是使我们成为宇宙公民。在宇宙公民的身份之中,就包括人的真正自由和从狭隘的希望与恐怖的奴役中获得的解放。⑦ *

在写了这些话之后,罗素继续努力,支持女性的普选权,因为反对第一次世界大战毫无意义的流血而遭监禁,因主张性解放而被纽约城市学院解职,在许多知识分子对斯大林的罪行视而不见时公然发表反对他的言论,是倡导核裁军的领袖人物。毫无疑问,罗素坚定不移地追求客观真理在为其积极行动主义方面发挥了重要作用。

然而,罗素自传的读者都知道,影响他的伦理道德观念的另一个因素是他在 1901 年的具体经历。罗素见证了他的好朋友因为疾病而经历的强烈的、难以缓解的极度痛苦:

> 她似乎因为痛苦的高墙切断了与任何人和任何事情的联系,

---

* 本段中文引自何兆武译:《哲学问题》,商务印书馆,2007 年,第 134 页。

每个人的灵魂都是孤独的，这种感受瞬间将我淹没……地面似乎突然在我面前裂开，我不知不觉跌入一个完全陌生的地方……五分钟之后，我已经成为完全不同的人。曾经有段时间，我非常神秘地大彻大悟了……就在那短短的五分钟之内，我从帝国主义者变身成为和平主义者，在英布战争*中站在被压迫民族布尔人一边。

罗素求助于亚洲哲学的语言来描述他的转变："多年来，一直只关心精确和分析，我觉得自己内心充满了对美的某种神秘感，对孩子的浓厚兴趣，有一种几乎像佛陀那样深刻的欲望来找到一种哲学从而使人类生活变得能够忍受。"㉘若没有这种类似禅宗的体验教导他慈悲仁爱，罗素不大可能成为关爱他人的强有力倡导者。㉙有多少读过罗素的具有里程碑意义的论文《论指称》(On Denoting)的学生知道他论文背后的澎湃激情？

罗素深受柏拉图的影响。柏拉图解释说，他学习哲学的动机就是目睹了雅典政府的腐败和罪恶而感到震惊，无论当权者代表贵族派还是民主派："因此，我被迫称赞真正的哲学，并宣布，只有哲学才能让人们分辨什么东西对国家和个人生活是正义的。除非真正的真诚的哲学家获得政治权力，或者出于某种神迹，拥有政治权力的人变成了真正的哲学家，否则一代又一代人就不会有摆脱罪恶困扰的那一天。"㉚约翰·罗尔斯(John Rawls, 1921—2002)是20世纪西方最重要的主流政治哲学家，是第二次世界大战中获得过荣誉勋章的士兵。作为日本占领军的成员，他目睹了广岛原子弹造成的破坏，他说这深深地影响了他。㉛广岛和长崎的轰炸应该是靠功利主义的考虑来辩护的：那次轰炸

---

* Boer War，英国同荷兰移民后裔布尔人建立的两个共和国——德兰斯瓦尔共和国和奥兰治共和国为争夺南非领土和资源而进行的一场战争。

如果与进攻日本本岛可能造成的伤亡相比，死伤会更少。然而，罗尔斯的经典著作《正义论》(A Theory of Justice)则认为，与功利主义相反，人人都有天生的权利，不能为了别人的福祉而牺牲。在此基础上，罗尔斯后来明确表示："用原子弹轰炸广岛和用火焰弹轰炸日本城市都是巨大的罪恶。"㉜因为它们专门针对平民，而这些人是不能对独裁政权的行为承担道义责任的。

英国主流哲学家黑尔(R. M. Hare，1919—2002)提出了一种被称为规约主义(Prescriptivism)的哲学形式，根据这种哲学，客观的道德事实上根本就不存在，存在的只是人们愿意普遍化并实际上赖以生存的法规。许多哲学家熟悉他的著作，但很少有人知道正是第二次世界大战期间他在日本战俘营的可怕经历引领他创立了这种哲学。㉝在此背景下，道德被简化为道德术语的最小意义在概念上要求的绝对准系统*。

所以，意义深刻的生活经验往往驱使人们学习哲学，而学习哲学也可以让人准备好应对生活的挑战。哲学和文科教育的价值的最具说服力和最动人的描述之一是海军上将詹姆斯·斯托克代尔(James Stockdale，1923—2005)提出来的。㉞斯托克代尔曾是越战中的战俘。在战前，他在斯坦福大学攻读哲学，在那里学习了斯多葛派哲学家爱比克泰德的思想。爱比克泰德教导说，保持诚信比其他任何事情都更重要，当然比避免痛苦更重要。他认为我们必须学会接受自己的命运，仇恨对手就是陷阱。斯托克代尔表示，他从爱比克泰德那里学到的哲学思想帮助他经受住了备受折磨的日子，而得以保持性格没有遭到扭曲。(本·卡森曾提醒我们，爱比克泰德就是"身着白色长袍，长着长长的白

---

* bare bone，指一些只有主机板及机壳的半制成品，至少要安装处理器、内存及硬盘机，才能成为可以操作的计算机。

色胡须的罗马哲学家之一"。)⑧回到美国之后，斯托克代尔被授予国会荣誉勋章，这是美国军方为其在当战俘时表现出的勇气和领导能力而授予的最高奖。

许多人似乎认为教育应该只涉及学习你赞同的作者的著作。（更现实的是，他们赞同的作者。让我们回顾巴克利的抱怨，他的耶鲁教授们已经在破坏学生对基督教的信仰。)⑨但是，斯托克代尔说，他曾经上过的一门课令他受益匪浅，这门课使他充满同情地系统性地研究了马克思和列宁的著作："在河内，我对马克思主义理论的了解比审讯者还多。我能够反驳审讯者：'这不是列宁说的话，你偏离了党的路线'。"⑩斯托克代尔解释说，那些最容易被审讯者"改变"的士兵是那些从未接触过批评自己国家的言论，也从来没有机会认真思考灌输给他们的马克思主义的人。

斯托克代尔不是唯一学习哲学、崇拜哲学的英雄人物。马丁·路德·金说过，他最喜欢的书除了圣经就是柏拉图的《理想国》了："它对历史提出的深刻见解比其他任何书都更多。可以说，书中讨论了任何一个创造性的想法，无论它多么遥远。不管你感兴趣的是神学或哲学领域的哪个方面——我自己对这两方面都非常感兴趣，你都能在这本书中找到深入探讨的内容。"⑪柏拉图思想的影响在马丁·路德·金自己的哲学中显而易见。在他的具有历史意义的"来自伯明翰监狱的信"中，马丁·路德·金援引了洞穴寓言来解释违背时代的传统价值观的行动（如公民不服从）："正如苏格拉底感受到有必要制造思想中的紧张关系以便个人能够从神话和半真半假言论的束缚中提升至能够进行创造性分析和客观评价的自由境界那样，我们必须看到有必要让非暴力牛虻在社会中创造出一种紧张关系，它能帮助人们从偏见和种族主义的黑暗深渊中走出来，来到充满理解和兄弟情谊的巍峨高峰。"⑫

在其他著作中，马丁·路德·金还提到他从柏拉图的《会饮篇》（*Symposium*）和《斐德罗篇》（*Phaedrus*）中学到的道德教训。⑩

　　正如上文的例子所示，最伟大的哲学是受到灵感激发的，并且也激发人们充满热情地探讨与人类生活密切相关的问题。西方哲学家都是苏格拉底的继承者，苏格拉底有句名言："未经思考的人生不值一过。"⑪然而，如果你问当今哲学家们，其哲学研究给这个世界或者自己的生活带来了什么影响，他们经常会显得困惑不解甚至恼怒不已，这不能不令人感到惊讶。我们应该向自己和学生讲清楚，我们正在进行的研究为什么是重要的。如果很难看到哲学与现实生活中的任何真实问题之间的联系，我们就应该把精力转移到别的事情上。

　　苏格拉底和孔子在各自的文化中都是具有开创性的哲学家，也是任何文化中哲学是什么的典范。两者之间的差异是巨大的，但他们的相似之处有时候被人忽略了。对于苏格拉底和孔子来说，哲学远非一种智力游戏，而是拥有重要的伦理的目的；对苏格拉底和孔子来说，哲学是在对话中进行的；对于苏格拉底和孔子来说，对话始于共同的信仰和价值观，但并不惧怕用自己最坚定的信念来挑战传统的社会观念；对两人而言，参与对话只是意味着明确说出自己真诚相信的东西；对两人而言，对话意味着充满同情地阐述和建设性地回应对方的观点。对于每位思想家所代表的传统来说，对话有双重目标：真理和个人修养。对这两种传统来说，在对话的开头，我们没有充分理解真理和个人修养到底是什么。对话是走向完美的永无止境的追寻过程。从根本上说，对话是说服对方的一种尝试，它不是胁迫。在每个时代和每种文化的最优秀哲学中，我们都发现了同样的价值观。当今哲学需要重新找回这些理想。

　　本书的主题并不是说主流的英美–欧洲哲学不好而所有其他哲学

都好。的确有屈服于这种文化二元论的人，即把文化分为非好即恶，但我不是其中的一员。本书旨在打破壁垒，拓展哲学的存在空间，而非在哲学中修筑新的隔离墙。我也渴望沐浴在柏拉图天才的光芒下，与亚里士多德肩并肩走在雅典吕克昂（Lyceum）学园的圣地上。但是，我也想追随朱熹的"问学之路"，与佛陀讨论"中道"。对于哪种生活方式最好，我相信你我可能有不同意见。

就让我们来讨论一下……

_____

注释

① 本章卷首语选自柏拉图的《理想国》和《论语》述而第七第六节，请参阅：Plato, *Republic*, bk. 1, 352d (translation mine), and *Analects* 7.6, cited in Philip J. Ivanhoe and Bryan W. Van Norden, eds., *Readings in Classical Chinese Philosophy*, 2nd ed. (Indianapolis: Hackett, 2005), 21。

② 正如我在其他著作中指出的那样，我们可以将相对主义进一步划分为个人相对主义或文化相对主义。这样我们就有了四种可能性：主观伦理相对主义、文化伦理相对主义、主观认知相对主义和文化认知相对主义。请参阅拙文：Bryan W. Van Norden, "Competing Interpretations of the Inner Chapters of the *Zhuangzi*," *Philosophy East and West* 46, no. 2 (April 1996): 248; and Van Norden, review of Scott Cook, ed., *Hiding the World in the World*, *China Review International* 12, no. 1 (Spring 2005): 1–2。

③ Plato, *Theatetus* 170e; *Mozi*, "Canon" B79, translation in Angus C. Graham, *Disputers of the Tao: Philosophical Argument in Ancient China* (La Salle, IL: Open Court, 1989), 185.

④ 贾斯汀·斯密斯令人信服地提出了这个观点。请参阅：Justin E. H. Smith in *The Philosopher: A History in Six Types* (Princeton: Princeton University Press, 2016)。

⑤ 我受到理查德·罗蒂观点的影响，他认为阐释学是"反常话语"："正常话语"（库恩的"常规科学"概念的概括）是体现了为达成共识而得到普遍接受的标准的话语（科学、政治、神学或其他），"反常话语"是缺乏这种标准的话语。Richard Rorty, *Philosophy and the Mirror of Nature* (Princeton: Princeton University Press, 1979), 11.

⑥ 我要感谢匿名审稿人和温迪·洛克纳(Wendy Lochner)鼓励我谈及本段和下一段提出的议题。

⑦ Alasdair MacIntyre, "Incommensurability, Truth, and the Conversation Between Confucians and Aristotelians About the Virtues," in *Culture and Modernity*, ed. Eliot Deutsch (Honolulu: University of Hawaii Press, 1991), 113.

⑧ 亚里士多德的工具论(*Organon*)和笛卡尔的方法论(*Discourse on Method*)只是哲学著作的两个经典例子,其作者都认为他们已经解决了正确的方法论问题。孔子和佛陀都不认为他们必须解决根本性的方法论问题。关于哲学的多种概念,请参阅: Smith, *The Philosopher*。

⑨ Wang Chong, *Balanced Inquiries*, chap. 24, "Dao xu." [Translation mine, but compare Alfred Forke, trans., *Lun-hêng*, part 1, *Philosophical Essays of Wang Ch'ung* (1907).]

⑩ 乔治·卢卡斯(George Lucas)的电影《五百年后》(*THX 1138*)的结论引用了柏拉图的洞穴寓言。

⑪ Plato, *Republic* (Stephanus 514a - 517b), translated by G. M. A. Grube and C. D. C. Reeve (Indianapolis: Hackett, 1992), 186 - 189.

⑫ Ryle, *The Concept of Mind* (Chicago: University of Chicago Press, 2000), chap. 2.

⑬ Lee H. Yearley, *Mencius and Aquinas: Theories of Virtue and Conceptions of Courage* (Albany: State University of New York Press, 1990), 144 - 168; and Bryan W. Van Norden, "Mencius on Courage," *Midwest Studies in Philosophy* 21, no. 1 (September 1997), ed. Peter French, Theodore Uehling, and Howard Wettstein, 237 - 256.

⑭ *Analects* 1.2, cited in Ivanhoe and Van Norden, *Readings in Classical Chinese Philosophy*, 3. See also the discussion of the passage in Zhu Xi's commentary, cited in Tiwald and Van Norden, *Readings in Later Chinese Philosophy* (Indianapolis: Hackett, 2014), 195 - 196.

⑮ 我不否认,他们也参与了我曾经辨认出来的哲学对话的其他形式,但基于我目前的知识水平,要确认这一点就显得非常冒昧。

⑯ Jean-François Lyotard, *The Postmodern Condition*, trans. Geoff Bennington and Brian Massumi (Minneapolis: University of Minnesota Press, 1984), 63 - 64.

⑰ Bernard Williams, *Ethics and the Limits of Philosophy* (Cambridge: Harvard University Press, 1985), 1.

⑱ 后者比我在此主张的内容更多。简单地说,我认为道教哲学家庄子提出了"标准问题"的一个版本,除非我们采纳了美国实用主义哲学家查尔斯·桑德斯·皮尔士(C. S. Peirce)提出的真理理论,否则这个问题根本无法回答。但是,皮尔士的理论从本质上说是把真理与人类价值和工程联系起来的。

⑲ Hillary Putnam，*Reason*，*Truth*，*and History*（Cambridge：Cambridge University Press：1981），1 - 21.

⑳ Derek Parfit，*Reasons and Persons*（New York：Oxford University Press，1986），199 - 201.

㉑ Philippa Foot，"The Problem of Abortion and the Doctrine of the Double Effect，" *Virtues and Vices*（New York：Clarendon，1993），19 - 32.

㉒ David Lewis，*On the Plurality of Worlds*（Oxford：Oxford University Press，1986）.

㉓ Nelson Goodman，*Fact*，*Fiction*，*and Forecast*，4th ed.（Cambridge：Harvard University Press，1983），chap. 3，"The New Riddle of Induction."

㉔ Martha Nussbaum，*Love's Knowledge: Essays on Philosophy and Literature*（New York：Oxford University Press，1990），171.

㉕ 数独游戏。[Sudoku，源自 18 世纪瑞士的数学游戏，运用纸、笔进行演算的逻辑游戏。玩家需要根据 9×9 盘面上的已知数字，推理出所有剩余空格的数字，并满足每一行、每一列、每一个粗线宫（3×3）内的数字均合 1—9，不重复。——译注]

㉖ Bryan W. Van Norden，"Unweaving the 'One Thread' of *Analects* 4.15，" in *Confucius and the "Analects": New Essays*（New York：Oxford University Press，2002），216 - 236.

㉗ Bertrand Russell，*The Problems of Philosophy*（Indianapolis：Hackett，1990），161.

㉘ Bertrand Russell，*The Autobiography of Bertrand Russell*（London：Unwin，1975），149.罗素还讨论了雪莱（Shelley，35 岁）和布莱克（Blake，55 岁）的诗歌对他是多么的重要。

㉙ 感受朋友的痛苦的可怕经历可能对一个人的性格产生积极影响，这说明了艾瑞斯·梅铎（Iris Murdoch，1919—1999）的敏锐洞察力。她说："带来智慧的痛苦是说不出来的，也是无法靠祈祷得来的。那样会亵渎神明的。"Iris Murdoch，*The Nice and the Good*（New York：Penguin，1978），56.

㉚ Plato，*Seventh Letter*，in Paul Friedländer，*Plato: An Introduction*（Princeton：Princeton University Press，1973），5. 有人质疑这第七封信的真伪，请参阅：Myles Burnyeat and Michael Frede，*The Pseudo-Platonic Seventh Letter*，ed. Dominic Scott（Oxford：Oxford University Press，2015）。但是，我倾向于赞同从前的老师查尔斯·卡恩（Charles Kahn）的观点，反对其真实性的论证不是很有说服力。请参阅：Kahn，review of Buryneat and Frede，*The Pseudo-Platonic Seventh Letter*，*Notre Dame Philosophical Reviews*，November 9，2015，http://ndpr.nd.edu/news/62135 - the-pseudo-platonic-seventh-letter/。

㉛ Iain King，"Thinkers at War：John Rawls，" *Military History Monthly*，June 13，2014，www.military-history.org/articles/thinkers-at-war-john-rawls.htm.

㉜ John Rawls, "Fifty Years After Hiroshima," *Dissent* (Summer 1995), www. dissentmagazine.org/article/50-years-after-hiroshima - 2.

㉝ Ved Mehta, *The Fly and the Fly-Bottle: Encounters with British Intellectuals* (New York: Columbia University Press, 1983), 50.

㉞ James Stockdale, "The World of Epictetus," in *Vice and Virtue in Everyday Life*, 3rd ed., ed. Christina Sommers and Fred Sommers (New York: Harcourt, Brace, Jovanovich, 1993), 658 - 674.

㉟ James Stockdale, "The World of Epictetus," in *Vice and Virtue in Everyday Life*, 3rd ed., ed. Christina Sommers and Fred Sommers (New York: Harcourt, Brace, Jovanovich, 1993),chapter 4.

㊱ James Stockdale, "The World of Epictetus," in *Vice and Virtue in Everyday Life*, 3rd ed., ed. Christina Sommers and Fred Sommers (New York: Harcourt, Brace, Jovanovich, 1993), chapter 3.

㊲ Stockdale, "World of Epictetus," 670 - 671.

㊳ King, A Testament of Hope: The Essential Writings and Speeches of Martin Luther King, Jr., ed. James M. Washington (New York: HarperCollins, 1986), 372.

㊴ Ibid., 291.

㊵ King, A Testament of Hope: The Essential Writings and Speeches of Martin Luther King, Jr., ed. James M. Washington (New York: HarperCollins, 1986), 46 - 48.

㊶ Plato, *Apology*, 38a.

译后记

　　2015年8月,译者第一次翻译万百安教授发表在美国杂志《外交官》(*The Diplomat*)上的文章《孔子论同性婚姻》①。承蒙万教授的信任,译者后来又翻译过他的若干文章,有哲学方面如他2016年5月在《纽约时报》"哲人之石"栏目上与人合写的《哲学若无多样性,只配称为欧美哲学》②;也有时事评论如《林肯的政党怎么啦?》③。2016年暑期,译者趁万教授来武汉大学讲学期间前往宾馆看他,相谈甚欢。后来就翻译了他的《中国古代哲学导论》。2017年暑假,万教授再次来到武大,我们再度见面时已经在讨论他刚刚完成还没来得及出版的书稿的翻译工作了,作者希望的是中英文两个版本同时出版,但愿他美梦成真。

　　《哲学的价值:一种多元文化的对话》是万教授2017年11月在哥伦比亚大学出版社出版的阐述多元文化哲学重要性的书。全书共分五章,在第一章"多元文化哲学宣言"中谈到了为什么需要多元文化哲学,西方哲学中的民族中心主义和思想帝国主义等;接下来从形而上学、政治哲学、伦理学和知行不一等各个角度详细阐述欧美哲学与中国哲学的对话，主要是想证明在所有这些方面，中国哲学并不比欧美主流哲学逊色；在第三章"特朗普的哲学家"中，作者讲述了美国政治中的种族隔离墙和中西文明中各自筑墙保护自己的倾向，这些形形色色的墙都将被摧毁；第四章"电焊工和哲学家"则阐述了中西思想界遭遇的共同威胁——反智主义，作者从哲学与职业教育、哲学与民主公民素质和哲学与文明传承几个方面论述哲学的价值；最后一章"孔子与苏格拉底之道"是本书的总结，论述了哲学与其他人文学科相比的特殊价值所在、当今哲学研究脱离现实生活的倾向，主张恢复哲学爱智慧、指导人生的原初理想和使命。

已故法裔美国历史学家雅克·巴尔赞（Jacques Barzun，1907—2012）曾经在其名著《从黎明到衰落》（*From Dawn to Decadence*）中列举了当今时代的标签："不确定的时代、科学时代、虚无主义时代、大屠杀时代、群众时代、全球化时代、独裁时代、设计时代、失败时代、交际时代、普通人时代、电影与民主时代、儿童时代、焦虑时代、愤怒时代、荒谬期待时代。有些作家认为'我们的时代是欧洲时代的终结'，在某种意义上的确如此，但这个说法有误导人之嫌，它忽略了全球已经被欧洲化的事实。技术-科学和民主远非统治一切，在某些地区甚至遭到激烈的反对，但总体上它已经抓住了民众的想象力，煽动其民众的欲望。整个世界想要的不是自由而是解放和享受。"①

伟大的历史学家理查德·霍夫施塔特（Richard Hofstadter，1916—1970）在1963年出版过一本影响很大的书《美国生活中的反智主义》（*Anti-Intellectualism in American Life*）。他说，反智主义是"对思想生活以及代表这种生活的人的怨愤，竭尽全力要贬低这种生活的价值"，又说，"更偏爱热衷职业主义是与性格偏爱有关的，更看重脾性而不是心智，更看重一致性和操作能力而不是个性和创造才能"。反智主义的盛行反映出美国社会缺乏想象力和好奇心达到了相当的程度。⑤

美国著名随笔作家约瑟夫·爱泼斯坦（Joseph Epstein）澄清了很多对于高雅文化的误解。首先，高雅文化并非出身优越的精英贵族的专利。著有《文化与无政府状态》(*Culture and Anarchy*)的马修·阿诺德（Matthew Arnold，1822—1888）在 1869 年就指出，"在每个阶层都有一些天生对最优秀自我有好奇心的人，热衷于看到事物的本来面目，将自己与机器区分开来，简而言之就是追求完美。这种倾向的人总会超越自己的出身。使其出类拔萃的特征不是自己的社会出身、财富、地位而是其优越的人性。"其次，追求高雅文化与左翼进步思想并不矛盾。革命家托洛茨基（Leon Trotsky，1879—1940）的共产主义梦想是："人们变得更强壮、更聪明和更含蓄；身体变得更和谐，运动更有节奏，声音更有音乐之美。这种生活形式变得更有活力和戏剧性。普通人也将提升到亚里士多德、歌德和马克思的高度。"换句话说，人人都能习得高雅文化。最后，高雅文化不是教出来的，也没有普遍公认的习得文化的方法，全都依靠自学成才。没有 100 本最重要的书，200 首音乐经典作品、300 幅重要画作、400 部最佳电影等有用清单。悲哀的真相是人们从来不是以获得比如管道工证书或者注册会计师的方式真正获得文化的。做个有文化的人意味着知识和兴趣的全面性。当然，没有人是真正的全才，这就是为什么没有人是真正有文化的人。我们的时代是个平庸乏味的时代，在显示器像素和印刷品争夺的战争中，显示器像素似乎远远跑在书籍前面。智能手机、iPad、电脑虽然有多种的好处，但它们不能鼓励沉思默想。当今大学的政治，至少在人文社会科学领域，已经不再帮助学生培养对高雅文化的兴趣。相反，学界的女性主义者和多元文化主义者早在得势之前就已经宣称他们对课程表中"死去的欧洲白人男性"的支配地位感到不耐烦和乏味无聊了。他们或许已经宣布了对高雅文化本身的战争。⑥

类似的观点也体现在美国《新共和》(*The New Republic*)前文学编辑里昂·维森特尔(Leon Wieseltier)的毕业典礼演讲中。他说:"我们生活在一个被技术主宰的社会,心甘情愿地甚至兴高采烈地受到功利主义、速度、效率和方便等价值观的支配。技术至上心态已经成为美国人的世界观,导致我们热衷实际问题而不是意义问题。我们不再关心真假、善恶问题,只想知道如何做才能奏效。我们的理性已经变成工具理性,不再是雄心勃勃的古代哲学家的理性,他们当时相信人类思想的适当话题是最大的话题,心智能穿透自然生命和人类生命的原则。"在数字世界,知识被贬低为信息。知识与信息的关系就像艺术与庸俗作品的关系,谁还会记得信息是最低级的知识呢? 知识只能通过时间的积累和适当的方法才能获得。我们手中携带的小玩意儿就像毒品一样让我们上瘾,它们改变了我们的思想生活:这些新产品产生了前人觉得不可思议的众多数字,太阳底下万事万物的数字,我们因而进入了数据文化和数据崇拜的时代……人类的理想被不适当地翻译成数学公式,使我们产生一种新的幻觉,以为一切都清晰可见而且在掌控之中。⑦

文化批评家罗杰·金巴尔(Roger Jimball)认为,知识分子的背叛是高雅文化失落的原因。知识分子因为"成功崇拜"放弃了对哲学和学术理想的传统依恋,放纵地陶醉在充满政治激情的物质世界。思想界内部的野蛮人(知识分子)鼓励多元文化主义,动辄给批评其他文化者扣上"种族主义"和"民族中心主义"的大帽子,以崇拜"真实性"的名义拒绝西方的理性主义和个人主义。因为将孤立的自我欲望视为价值的唯一合法来源,"文化不再是解放的手段而是精英主义者设置的障碍"⑧。

　　也有哲学家从高等教育观的角度分析高雅文化的衰落。纽约大学教授科瓦米·安东尼·阿皮亚（Kwame Anthony Appiah）认为美国大学有两类。一类是"功利性大学"，其焦点是大学要有用，对毕业生、对雇主、对全球竞争中的美国有用。另外一个是"乌托邦大学"，它以约翰·斯图亚特·密尔所说的"生活实验"为中心，旨在让学生准备好作为自由人的生活，是塑造灵魂、磨炼工具，为追求幸福做准备的地方。圣母大学哲学家加里·古廷（Gary Gutting）则从"自由教育与资本主义的冲突"描述大学的工具性知识教育和为知识而知识的两种教育观。在他看来，对大部分工作来说，大学不过提供最基本的思想技能：理解复杂授课内容的能力，清晰和有说服力的说话和写作，批判性地评价别人的观点。获得大学学位说明你拥有了雇主需要的道德和社会品质。从就业的角度看，经过训练的高中毕业生根本不需要大学学位。从为知识而知识的教育观看，上大学的主要原因是思想文化熏陶。大学教育的真正价值不在于知识，而是让学生意识到思想和审美满足的可能性。他们或许不喜欢阅读的每本书，但会喜欢其中一些，并愿意讨论希腊哲学或现代文学如何带来幸福。大学教育就是让学生了解到可能性：数学发现的可能性，科学理解的狂喜，历史叙述的痴迷，神学猜测的神秘，等等。⑨

　　就在译者翻译本书的时候，碰巧看到罗素协会前会长约翰·勒恩兹（John R. Lenz）谈论罗素阐述哲学对人生价值的文章，从分析之外的哲学、实用性之外的哲学、时空之外的哲学和学界之外的哲学等角度阐述为什么要学哲学，里面的话语可以说是本书的某些佐证。在罗素看来，哲学指出了新的更好的生活方式。"通过它思考的客体的伟大和从这种思辨中产生的摆脱狭隘和个人目标的自由"而实现的精神价值。通过"哲学思辨"庞大的和非人的宇宙，你会变得"宁静和自由"，因为思想的宁静源于逃脱欲望、自我和激情的牢笼。罗素认为科学追求权力,哲学追求价值。科学获得实用性知识,哲学获得思辨性知识。科学赢得实际成功,但是它不过是工具性的,只是实现目的的手段。哲学家热衷的是"思辨的狂喜"。"恋人(哲学家就是爱智慧的人)、诗人和神秘主义者能够找到寻求权力的人永远不知道的更充分的满足。"他认为哲学能够纠正实用科学的胜利导致的好奇心和对宇宙之爱的丧失。他认为只是鼓吹现实成功或者功利性的哲学或科学哲学或教育理论都源于"权力冲动",不过提供"政府眼中的真理"。教育应该培养的不是国家的优秀公民而是"世界公民",这样的个人给社会改善带来了世界性观角。不仅个人而且整个社会都能从思辨中受益,在更宏大的范围内成为"世界公民"。在现代世界,哲学家应该如何生活?罗素认为哲学家应该超越时空限制,"他应该竭力追求看清这个世界,尽可能摆脱时间和空间偏见,不刻意强调此时此地而非其他时间和其他空间。当他考虑所生活的世界时,他必须像来自外星球的陌生人那样走近它。这种不偏不倚是所有时代的哲学家的义务。这听起来有些像不食人间烟火的先知一样,的确有些乌托邦色彩。但不容怀疑的是,普遍的、不偏不倚的视角不仅让个人生活更聪明更幸福,也是走向更美好世界的唯一道路"。⑩

　　罗素的话也让译者想起书中提到的另外一位著名哲学家玛莎·努斯鲍姆的话,她指出为了人的教育以培养负责任的全球公民为宗旨。在她看来,体面的世界公民素养的形成过程中有三种能力非常重要:① 苏格拉底的自我批评以及对自身传统批判性的思考能力,这是保持独立性和拥有问责能力的基础;② 熟悉多元文化并与能理解其他社会成员的交流沟通能力;③ 叙述想象力,即设身处地为他人着想,用心倾听别人的故事,并理解当事人可能具有的感情、希望和需求,简单地说就是同情心的培养。努斯鲍姆相信,"真正的文明冲突在于个人内心的冲突，是贪婪和自恋与尊重和爱的对抗。如果导致暴力和非人道的力量增长，而倡导平等和尊重的文化的力量式微，那么，所有现代社会都将迅速失掉这场战争"①。

荷兰文化哲学家罗布·里曼(Rob Riemen)在为乔治·斯坦纳(George Steiner)的《欧洲的思想》(*The Idea of Europe*)而撰写的序文中说："艺术、人文、哲学、神学、美学等所有这些的存在都是为了让精神变得更加高贵，让人类发现和拥有其最高形式的尊严。正是人类灵魂和思想的培养和塑造让人们不再仅仅是个动物。"②

这些是译者最近看到的西方有关自由教育最简洁和最具说服力的总结。孔子对教育的目标会说些什么呢？简单地说，儒家的教育目标有二：高贵和文明。前者是通过自我修身培养个人美德，后者是通过政治参与改善社会行为。孔子不支持工具主义的教育观。教育是道德发展，每个道德进步都将带来个人的成长和共同体的构建，这种个体-社会成长就是儒家的基本概念"仁"，而成为君子就应该是学生在道德生活中的第一个和现实的目标。儒家的最高理想是圣王和大同，前者是个人修养的最高境界，而后者是共同体发展的最高境界。而内圣外王的观念说明了儒家中两者之间的不可分割性。③

如果读者觉得本书虽然是在替中国哲学抱不平，但毕竟是"欧洲白人男性"作者在谈论人家哲学系的情况，中国文化圈的人如何看待和比较东西方哲学呢？自胡适(1891—1962)、冯友兰(1895—1990)等大家的大名鼎鼎的哲学史著作出版以来，应该有很多学者在从事这方面的研究，但就译者有限的视野而言，全面系统的对比分析似乎不多。在此，译者透露一个小秘密，目前正在翻译韩国前驻美大使、副外长和延世大学教授崔英镇的《东方与西方》(四卷本)系列丛书，《道家与犹太教》(人与自然的关系)、《人性与身心二元论》(身心关系)、《儒家与基督教》(人与人的关系)、《国际关系模式》。该套丛书系统和全面地对比了东西方文明的基础,从不戴西方中心主义有色眼镜的东方文化圈内人身份审视两个文明的世界观,试图克服障碍实现真正的理解,希望有兴趣的读者特别关注。

译本出版之际,译者要感谢作者万百安教授的厚爱和信任,感谢他在翻译过程中对译者的帮助和对译文提出的修改意见;特别感谢万百安教授在耶鲁-新加坡国立大学学院的同事胡静老师对译稿提出的修改建议;感谢武汉大学李勇老师在联系出版社过程中提供的大力支持,感谢所在工作单位 2016 级翻译学硕士生何青、王萌、祝迪、张婷、姜岳惠子、张琪、郭晶、宋汉芬、吴妩、罗晓纯等同学提供的帮助。译者在翻译过程中参考了若干译作,如陈蒲清译注《四书》(广州:花城出版社,1998 年版)、柏拉图著,王太庆译《会饮篇》(北京:商务印书馆,2013 年版);霍布斯著,黎思复、黎廷弼译《利维坦》(北京:商务印书馆,1986年);亚里士多德著,廖申白译《尼各马可伦理学》(北京:商务印书馆,2003 年);柏拉图著,郭斌和、张竹明译《理想国》(商务印书馆,1986 年版);罗素著,何兆武译《哲学问题》(商务印书馆,2007 年版)等,笔者对这些译者表示感谢。最后,译者要感谢东方出版中心黄驰编辑的信任和支持,感谢为本书付出辛勤劳动的刘旭老师。

吴万伟
二〇一九年二月于武汉青山

注释

① 译文发表在"儒家网",2015 - 08 - 18, http://www.rujiazg.com/article/id/6073/.

② 《爱思想》，2016 - 05 - 16，http://www.aisixiang.com/data/99575.html.

③ 《爱思想》，2016 - 03 - 29，http://www.aisixiang.com/data/98302.html.

④ Jacques Barzun, *From Dawn to Decadence 500 Years of Western Cultural Life: From 1500 to the Present*, New York: Harper Collins Publishers, 2000, p.799.

⑤ David Masciotra, Richard Hofstadter and America's New Wave of Anti-Intellectualism, 2014 - 03 - 09, http://www.thedailybeast.com/articles/2014/03/09/richard-hofstadter-and-america-s-new-wave-of-anti-intellectualism.html.

⑥ Joseph Epstein, The Cultured Life And why it is worth pursuing, 2017 - 03 - 20, http://www.weeklystandard.com/the-cultured-life/article/2007147.

⑦ Leon Wieseltier, Perhaps Culture is Now the Counterculture A Defense of the Humanities, 2013 - 05 - 28, http://www.newrepublic.com/article/113299/leon-wieseltier-commencement-speech-brandeis-university - 2013♯.

⑧ Roger Jimball The treason of the intellectuals & "The Undoing of Thought", 2014 - 03 - 15, https://www.newcriterion.com/articles.cfm/The-treason-of-the-intellectuals—ldquo-The-Undoing-of-Thought-rdquo - 4648.

⑨ Justin W., Two Philosophers' Views on the Point of College, 2015 - 09 - 11, http://dailynous.com/2015/09/11/two-philosophers-views-on-the-point-of-college/.

⑩ John R. Lenz, Bertrand Russell on The Value of Philosophy for Life, 2017 - 06 - 15, http://philosophynow.org/issues/120/bertrand_russell_on_the_value_of_philosophy_for_life.

⑪ 玛莎·努斯鲍姆著，吴万伟译：《为了利润的教育，为了自由的教育》，《复旦教育论坛》2010 年第 3 期，第 33 页。

⑫ George Steiner, *The Idea of Europe*, Tilburg: Nexus Publishers, 2004, p.9.

⑬ Wu Wanwei, The Indispensable Liberal Education in Confucian Perspective, *NEXUS* 2014 Nummer 67, pp.166 - 178.